글로벌기업의
전략경영사례

김성훈 지음

UUP

글로벌 기업의 전략경영 사례

■

- 2019년 12월 24일 **초판 인쇄**
- 2019년 12월 30일 **초판 발행**
- **지은이 김성훈**
- **펴낸이** 오연천
- **펴낸곳 UUP**(울산대학교출판부) 680-749 울산광역시 남구 대학로 93(무거동) 울산대학교 출판부
- 전화 (052)259-2488 팩스 (052)277-3011 ▪ **홈페이지** http://uup.ulsan.ac.kr
- **출판등록** 제370-1996-000001호(1996.3.13)
- 정가 **8,000원**

■

이 도서의 국립중앙도서관 출판도서목록(CIP)은,
e-CIP 홈페이지(http://www.nl.go.kr/ecip)에서 이용하실 수 있습니다.
(CIP제어번호 : 2019053623)

ISBN 978.89.7868.771.3 (93320)

머리말

핸드폰 산업에서 애플은 후발주자이다. 애플이 아이폰으로 이 시장에 들어올 때 이미 노키아, 모토로라, 삼성과 같은 거인들이 버티고 있었다. 그럼에도 불구하고 애플은 불과 몇 년 만에 다른 경쟁자들을 압도하는 성장과 수익성을 달성하였다.

국내에서 조선기자재 기업들은 소수의 대형 구매자가 가진 강력한 협상력으로 인해 수익 창출에 어려움을 겪는다. 하지만 LNG선 화물창의 보냉재를 만드는 동성화인텍은 이러한 위협을 잘 극복하여 높은 성장과 수익성을 달성하고 있다.

흔히 유통업을 오픈북 비즈니스라고 한다. 원가구조와 가격이 너무 뻔해서 경쟁자보다 높은 수익을 올리기는 매우 어렵다. 하지만 이 산업에서 월마트는 K-마트 등 경쟁자를 제치고 오랜 기간 동안 우월한 수익성을 달성하였다.

1980년대 후반으로 시계를 돌리면, 삼성그룹은 현대그룹과 대우그룹에 뒤진 국내 자산순위 3위의 그룹이었다. 하지만 지금은 국내에 경쟁상대가 없을 정도로 압도적인 성과를 창출하고 있다.

어떻게 이러한 일들이 가능했을까? 독자와 함께 이 질문들에 대한 답을 생각해 보는 게 이 책을 쓴 이유이다. 그리고 전략경영은 이와 같이 기업의 성공과 실패 원인을 찾기 위해 연구하는 경영학의 매력적인 분야이다. 앞의 예에서 애플은 기존의 기업들과 전혀 다른 방식으로 스마트폰을 정의하였다. 동성화인텍은 기술개발과 영업방식 변화를 통해 강력한 협상력을 극복하고 있다. 월마트는 원가절감의 목표에 일치하도록 기업의 모든 활동을 철저히 일관성 있게 전개하였다. 삼성그룹은 다른 그룹들과는 달리 급변하는 환경과 적합성을 유지하기 위해 급진적인 변신을 시도하였다.

하지만 이 책에서는 전략의 이론을 통해 그 답을 직접 설명하지는 않는다. 대신 독자들이 기업들의 사례와 전략 이론에 대한 학습을 통해 스스로 이해하기를 바란다. 이를 위해 전략적 혁신, 산업구조 분석, 내부 자원과 역량 분석, 사업부 수준의 전략적 대안, 기업 수준의 전략적 대안, 기업변신, 사회적 책임 등 전략의 핵심적 주제들을 가장 잘 보여주는 국내외 대표적 사례들로 책을 구성하였다. 이 책을 통해 독자들이 전략경영의 매력을 충분히 즐길 수 있었으면 하는 바람이다.

2019년 12월 30일

저자 김 성 훈

목차

머리말 / 3

혁신과 전략 / 7

애플의 아이폰 9
더바디샵과 아니타 로딕 21

산업구조, 자원과 역량, 전략 / 29

LNG 보냉재 산업의 동성화인텍 31
탄산음료산업에서의 경쟁 43
커피산업의 스타벅스 61
밴시티 신용협동조합의 위기 69

전략적 선택 / 79

월마트의 경쟁전략 81
크라이슬러와 협력업체 93
월트디즈니의 사업다각화 101

기업변신과 사회적 책임 / 109

삼성그룹의 신경영 111
GE의 기업변신 123
현대그룹과 울산지역사회 131

참고문헌 / 147

혁신과 전략

애플의 아이폰

더바디샵과 아니타 로딕

애플의 아이폰

이동통신 기술의 진화

1947년은 미국 AT&T 벨연구소(Bell Lab) 연구자들에게는 역사적인 해였다. 이 연구소에서 휴대전화의 개념이 최초로 탄생하여 이동통신의 진화가 시작된 해이기 때문이다. 하지만 다른 많은 혁신적 발명과 마찬가지로 이동통신도 초기에는 큰 관심을 받지 못했다. 또한 이 개념을 뒷받침할만큼 기술이 발달하지도 못했다.

이후 세계 최초의 휴대전화는 1973년이 되어서야 모토로라의 임원인 마틴 쿠퍼(Martin Cooper)에 의해 선보였다. 발명의 계기는 단순했다. 사람은 항상 움직이는데 전화 통화를 위해 한 장소에 머물러야 하는 것은 '부자연스럽다'라는 그의 생각이었다. 이동통신 시스템은 단말기의 안테나와 기지국으로 구성되었다. 이 시제품은 길이가 25cm를 넘고 무게가 약 1.1kg이어서 벽돌폰 또는 장화폰으로 불렸다. 역사적인 첫 통화는 마틴 쿠퍼가 경쟁자였던 벨연구소의 소장에게 한 것으로 1973년 4월 3일 이루어졌다. 이후 기술적 문제를 해결하고 인허가 등의 절차를 마치는데 10년이 걸려서 이동통신 서비스는 1983년에 본격적으로 상용화되었다.

1991년 핀란드에서 글로벌 디지털 이동전화 시스템(GSM) 방식이 개발되면서 2세대 이동통신 시대가 시작되었고, 다음해인 1992년부터 SMS 메시지 서비스가 가능해졌다. 이 기술은 아날로그 네트워크 기반의 진부하고 느린 1세대 기술을 대체하게 되었다. 그로부터 10년 후인 2001년에는 IMT-2000으로 불리는 3세대 기술이 한국의 KT와 SK텔레콤에 의해 전세계 최초로 상용화되었다. 이제 소비자는 인터넷 접속, 화상통화, 모바일 TV 등 다양한 기능을 사용할 수 있게 되었다[1].

이동통신 기술의 발전에 따라 휴대전화 단말기 산업의 게임의 룰 또한 계속 변화해왔다. 과거에 기업들은 통화 기능이 믿을만하고 경제적인 핸드폰에 집중했다. 2세대를 거치면서 카메라와 게임 기능, 휴대전화의 소형화로 관심이 바뀌었다. 3세대와 4세대 기술이 상용화됨에 따라 단말기 회사들은 금융, 교육, 게임, 네비게이션, 뉴스, 비즈니스, 스포츠, 음악 등에 필요한 인터넷 접속과 지원을 위해 새로운 수준의 경쟁을 시작하였다. 그리고 이러한 진보된 기술을 기반으로 스마트폰 시대가 본격적으로 시작되었다.

---

1) 이후 4세대를 거쳐 전송속도와 용량이 획기적으로 개선된 5세대 이동통신 기술 또한 2019년 한국에서 전세계 최초로 상용화되었다.

스마트폰 시대의 시작

스마트폰의 원조는 컴퓨터 회사인 IBM의 사이먼(Simon) PDA로 1994년 8월 16일에 출시되었다. 이 제품은 기존 개인용 정보단말기(PDA: personal digital assistant)에 휴대전화 기능을 넣은 것으로, PDA, 무선호출기, 팩스기능을 제공했다. 또한 달력, 계산기, 주소록, 세계시간과 같은 유용한 툴을 제공했다. 당시 텔레커뮤니케이션스 잡지는 이 제품이 최초로 무선전화, 무선호출기, 노트북컴퓨터를 하나로 합친 획기적인 것으로 세련된 경영자들이 정말 원하던 기기라고 평가하였다.

스마트폰의 또다른 초기 모델은 1996년 출시된 노키아의 9000 커뮤니케이터였다. 이 제품 또한 사이먼과 같이 PDA와 휴대전화를 합쳐놓은 것으로, 쿼티 자판과 심비안(Symbian) 운영체제를 가진 팜탑(손바닥에 올려놓을 수 있는 초소형 컴퓨터) 스타일의 휴대폰이었다. 그러나 IBM과 노키아의 초기 스마트폰은 시장에서 실패했다. 왜냐하면 첫째, 가격이 1,000달러를 넘어서 휴대전화 사용자에게 너무 비쌌다. 많은 기능을 탑재하기 위해 비쌀 수 밖에 없었는데, 따라서 초기에 이런 비싼 스마트폰을 구입한 소비자들은 경제적으로 매우 부유한 사람들 뿐이었다. 보통 이들은 항상 출장을 다니고 사무실을 벗어나서도 작업을 해야하는 사업가들이었다. 둘째, 1990년대 중반에는 스마트폰을 다양하게 활용하기 위해 필요한 이동통신 기술이 뒷받침되지 않았다. 스마트폰이 완벽하게 기능하기 위해서는 적어도 2.5세대 무선 네트워크가 필요했다.

이후 2003년에는 무선호출기를 만들던 RIM(Research in Motion)사가 최초의 블랙베리를 출시했다. 이 스마트폰은 무선의 암호

화된 이메일 기능 때문에 보안이 중요한 비즈니스 분야의 사용자에게 특히 유용했다. 동시에 블랙베리는 일반 대중들의 관심을 끈 최초의 스마트폰 모델이기도 했다. 2007년 미국 대통령 선거 캠페인 기간 동안 블랙베리 폰을 사용하는 버락 오바마 후보의 모습이 자주 언론에 노출되었다. 그는 자신이 블랙베리 중독이라고 말하기도 했고, 대통령에 선출된 된 후에도 여러 법률적, 안보적 우려를 무릅쓰고 백악관에서도 이 폰을 사용하였다.

마케팅 전문가들은 그가 RIM사를 비롯한 스마트폰 제조업자들에게 완벽한 마케팅 대리인이 되고 있다고 평가했다. 마케팅 측면에서 오바마 대통령의 효과는 미국에서 250만달러, 전 세계적으로 5천만 달러의 가치가 있고, 특히 RIM사에 가장 큰 혜택을 주는 것으로 평가했다.

2007년 스마트폰 시장

2000년대 후반 스마트폰이 인기를 얻기 전, 4대 휴대폰 회사(노키아, 모토로라, 삼성, LG)는 세계시장에서 서로 치열하게 경쟁하고 있었다. 핀란드의 노키아는 다른 3개 기업의 시장점유율을 합친 것보다 많은 35% 이상의 점유율을 가진 최고의 시장주도기업이었다. 미국의 모토로라는 2007년까지 노키아의 뒤를 쫓고 있었으나 동시에 한국의 공격적인 후발주자인 삼성과 LG의 도전에 어려움을 겪고 있었다.

애플이 시장에 진입한 2007년 현재 스마트폰 세분시장의 크기는 피처폰에 비해 매우 작았다. 시장분석기관인 가트너(Gartner)에 따르면 전세계 휴대폰 시장은 2007년 11.5억만대 규모인데, 스마트폰은 그 중 약 10%인 1.2억만대에 불과했다. 스마트폰 시장에서도 노키아는 2007년 시장점유율 49.4%의 선도기업이었다. 9.6%의 RIM, 6% 미만의 샤프와 HTC 등이 노키아를 추격하고 있었다.

〈2007년 주요 스마트폰〉

제조사	노키아	RIM	삼성전자
모델			
	Nokia E62	BlackBerry Pearl 8100	SGH-i970 (Blackjack)

(1) 하드웨어

2007년 현재 스마트폰 시장의 주요 제품은 노키아의 Nokia E62, RIM의 BlackBerry Pearl 8100, 삼성전자의 Blackjack을 들 수 있다. 스마트폰 시장에서 기존의 주요 기업들은 하드웨어 기술에서 치열하게 경쟁하고 있었다. 그들은 특히 프로세서, 디스플레이, 카메라, 베터리에 집중하였다. 스마트폰이 휴대용 컴퓨터이기 때문에 기술을 위한 경쟁은 컴퓨터 산업과 비슷했다. 첫째, 노키아는 CPU를 2006년 235㎒에서 2007년 332㎒로 향상시켰다. 한편 RIM은 312㎒ 이내로 유지하였고 삼성은 400㎒로 증가시켰다. 둘째, 디스플레이의 해상도를 꾸준히 높여서 2006~2007년

대부분의 노키아와 삼성 폰에는 262K TFT 컬러 화면이 장착되었다. 셋째, 산업내 대부분 기업들의 카메라 성능은 1메가픽셀에서 시작했으나 극심한 경쟁의 결과 5메가픽셀까지 향상되었다. 마지막으로 주요 기업들은 베터리 수명에서도 경쟁했다. 2007년 RIM의 베터리는 900~1,000mAh였고, 노키아와 삼성의 베터리는 용량이 더 큰 1,200~1,500mAh였다.

이와 같이 구체적인 사양에서는 약간의 차이가 있지만 이들 제품에는 중요한 공통점이 있었다. 첫째, 입력장치로 모두 쿼티(QWERTY) 자판이 장착되어 있었다. 그 결과 디스플레이가 약 2.5인치로 작아서 제품의 외관이 모두 비슷하게 보였다. 둘째, 마이크로소프트 오피스 문서를 만들고 읽기 위한 소프트웨어가 설치되어 있었다. 이 두 가지 특징은 스마트폰을 노트북과 PDA를 대체하는 휴대용 컴퓨터로 정의할 때 필수적으로 갖추어야 할 것들이었다.

(2) 소프트웨어

주요 스마트폰 기업들이 채택한 소프트웨어 기술은 주로 폐쇄된 애플리케이션이었다. 이들은 각자의 운영체계와 소프트웨어를 사용하였고, 구매시 휴대전화 안에 내장되어 있었다. 노키아의 소프트웨어는 심비안 9.1 운영체계로, 연락처, 달력, 테스크, 노트와 마이크로소프트 오피스의 작업이 가능한 OfficSuite 기능을 가지고 있었다. 삼성의 스마트폰에는 미디어 플레이어, 녹음, 알람, 달력과 일정, 계산기, 스톱워치, PC 동기화, 세계시간 등의 애플리케이션이 내장되었다. 한편 소프트웨어 측면에서는 RIM사가 가장 뛰어나서, 다른 기업들의 기능에 추가하여

메일 푸시 기능을 가지고 있었고, 야후, AIM, 윈도우즈 라이브, ICQ, 구글 토크 등의 다양한 메시징 서비스를 이용할 수 있었다.

(3) 목표고객

스마트폰 시대의 시작인 IBM의 사이먼이 등장한 때부터 스마트폰은 항상 바쁜 전문가, 기업 임원 등 길위에서조차 효율적으로 일하기를 원하는 기업 사용자를 위한 것이었다. 대부분의 스마트폰에 쿼티 키보드가 장착되고 마이크로소프트 오피스 형식의 문서를 만들고 읽을 수 있는 소프트웨어가 설치된 이유이다. 스마트폰 사용자 중 많은 사람들은 유명인이거나 부유층이었다. 블랙베리를 계속 사용하는 오바마 대통령을 예로 들 수 있다. 그 이외에도 50센트, 마돈나 등 많은 유명인들이 블랙베리를 사용하였다.

애플의 등장

애플은 두 명의 혁신가 스티브 잡스와 스티브 워즈니악에 의해 1976년 만우절에 설립되었다. 처음에 그들은 스티브 잡스의 차고에서 Apple I이라는 컴퓨터 회로 기판을 만들었다. 스티브 잡스는 소비자들이 사용하기 쉬운 컴퓨터를 만들고자 하였다. 2년 후에는 새로운 버전인 AppleⅡ가 등장했고 컴퓨터 산업에 대변혁을 일으켰다. 1980년 애플은 10만개 이상의 AppleⅡ를 판매했고 PC라는 새로운 산업의 선두 주자가 되었다.

회사가 성장하면서 2001년에는 디지털 음악 플레이어인 아이팟을 출시했다. 애플이 2003년 만든 아이튠즈의 도움을 받아 출시 후 채 6년이 되지 않아 1억 개 이상의 아이팟이 판매되었다.

아이튠즈를 통해 소비자들은 음악과 영상 등 디지털 콘텐츠를 재생하고 다운로드하며 정리할 수 있었다. 가격을 지불하고 합법적으로 음악을 다운로드할 수 있는 최초의 사이트이기도 했다.

2007년 6월 29일 애플은 혁신적인 신제품을 출시했다. 이 제품은 스마트폰에 대한 기존의 생각과 스마트폰 시장에서 게임의 룰을 바꾸게 되었다. 같은 해 1월 스티브잡스는 매년 열리는 맥월드(MacWorld) 컨퍼런스에서 아이폰이라는 새로운 스마트폰을 소개했다.

> "1984년 애플은 매킨토시를 출시했습니다. 이로써 애플 뿐 아니라 컴퓨터 산업 전체를 바꾸었습니다. 2001년에 아이팟을 출시했습니다. 이로써 우리가 음악을 듣는 방식 뿐 아니라 음악 산업 전체를 바꾸었습니다. 오늘 우리는 이정도 급의 혁신적인 제품 3개를 소개하고자 합니다. 첫째는 터치 컨트롤 방식의 와이드스크린 아이팟입니다. 둘째는 혁신적인 휴대폰입니다. 셋째는 획기적인 인터넷 커뮤니케이션 기기입니다. 이 3개는 각기 다른 것들이 아닙니다. 하나의 기기입니다. 그리고 우리는 이를 아이폰이라고 부릅니다. 오늘 우리는 휴대폰을 다시 발명합니다."

(1) 하드웨어

아이폰은 아이팟, 웹 브라우저, 휴대폰의 3가지 기능을 특징으로 하였다. 아이폰에서 가장 주목할 만한 하드웨어적 특성은 대부분의 스마트폰처럼 많은 버튼을 가지고 있지 않다는 것이다. 대신 아이폰은 손가락을 사용하는 터치스크린 방식을 채택하였다. 다른 주요 회사들도 이미 이 기술을 가지고 있었다. 하지만 휴대용 컴퓨터 개념에 더 적합한 쿼티식 키보드가 표준이어서 2000년대 주력 스마트폰 모델에 활용하지는 않았다. 예를 들어 1994년 첫 스마트폰인 IBM의 사이먼은 스타일러스 기반의 터치스크린 인터페이스를 적용하였고, 노키아 또한 2004년 노키아 7710에 터치스크린 기술을 사용하였다.

아이폰은 2001년 출시된 아이팟과 마찬가지로 아이튠즈와 동기화 할 수 있는 기능을 가졌다. 소비자는 PC와 아이폰 모두에서 음악, 영화, TV 프로그램, 앱, 오디오북 등을 구매하고 재생할 수 있었다. 애플은 아이튠즈와 함께 앱스토어를 통해 데스크톱 수준의 애플리케이션과 네트워킹을 제공했다. 스티브 잡스는 2007년 맥월드 컨퍼런스에서 다음과 같이 말했다. “소프트웨어에 대해 정말 진지한 사람은 그들만의 하드웨어를 만들어야 합니다.”

이 철학은 새로운 기기에 반영되었다. 첫째, 아이튠즈에서 구입한 멀티미디어 콘텐츠를 보고 듣기 위해서 디스플레이는 매우 중요했다. 기존 스마트폰의 2.2~2.9 인치 스크린으로 영화를 보기에는 눈이 아팠다. 아이폰이 3.5인치의 더 큰 스크린을 채택한 이유였다. 둘째, 아이폰은 4~16 기가바이트의 저장용량을 내장하였다. 기존 기업들이 80~128 메가바이트의 ROM과 32~64 메가바이트의 RAM을 채택한 것에 비하면 매우 큰 용량이었다. 아이튠즈와 앱스토어에서 구입한 앱과 콘텐츠를 저장하기 위해서 기가바이트 수준의 저장 용량은 불가피한 선택이었다.

(2) 소프트웨어 및 배포

2008년 7월 10일에 문을 연 애플 앱스토어는 아이폰의 큰 성공을 이끈 핵심 요소라고 할 수 있다. 이 가상 시장은 개발자가 애플리케이션을 쉽게 배포하고 소비자가 다운로드할 수 있게 해주었다. 당시에는 다양한 개발자들이 만든 500여개의 애플리케이션이 시장에 나왔으며 이 중 약 1/4은 무료였다. 나머지는 요금을 부과하였고 가격은 다양했다. 또한 이러한 앱들은 건강과 운동, 게임, 금융, 교육, 날씨, 네비게이션, 뉴스, 책, 라이프스타일, 비즈니스, 사진과 영상, 소셜 네트워크, 스포츠, 엔터테인먼드, 여행, 음식과 음료, 음악, 의료 등과 같은 다양한 분야로 분류되었다.

애플은 소프트웨어 개발자를 위한 새로운 시장을 창출했다. 소프트웨어 개발자들은 앱스토어에 쉽게 접근할 수 있었다. 이 시장에서는 애플리케이션 판매금액의 70%에서 애플의 개발비 99달러를 뺀 금액이 앱 개발자에게 돌아갔다. 많은 개발자들이 수익을 창출하기 위해 이 시장으로 들어왔고 애플리케이션 당 평균 수익은 8,700달러로 추정되었다. 가격은 개발자나 판매자가 달러 단위로 자유롭게 결정한 후 1센트가 차감되었다. 앱스토어에서 가격이 $0.99, $2.99 등인 이유이다.

(3) 목표고객

애플은 스마트폰을 모든 연령에게 재미있는 장난감으로 만들어서 스마트폰의 잠재고객을 바꾸었다. 더 나아가 애플은 게임, 비즈니스, 비디오 등 여러 영역에서 새로운 고객 니즈를 창출했다. 그들의 혁신적인 전략, 특히 아이튠즈와 앱스토어로 인해 학생, 교육자, 창작 활동을 하는 전문가, 사업가, 공무원 등 사용자의 직업과 연령이 매우 다양해졌다. 루비콘컨설팅(Rubicon Consulting Research)은 아이폰 3G 출시 전에 '애플 아이폰: 모바일 산업에서 도전과 성공'이라는 조사를 수행했고, 아래와 같은 결과를 얻었다.

- 아이폰 사용자의 4분의 3은 애플의 기존 고객으로 젊은(어린) 얼리어답터들이다.
- 아이폰 사용자의 50%는 30대 이하이고 15%는 학생들이다.
- 아이폰 사용자의 절반은 아이폰 구매 이전에 피처폰을 사용했고, 40%는 블랙베리와 같은 스마트폰을 사용하였다.
- 이메일은 가장 흔히 사용되는 기능이다. 사용자의 70%는 적어도 하루에 한번 아이폰에서 이메일을 확인한다.
- 사용자의 60%는 적어도 하루에 한번 인터넷을 둘러본다.
- 사용자의 75%는 이전 기기에서보다 아이폰에서 더 많은 웹서핑을 한다.

거대한 성공

아이폰은 디자인, 사용자 편의성, 소프트웨어에 집중했다. 스마트폰이 어떻게 멋지고 다양한 방식으로 사용될 수 있는지를 보여주었다. 아이폰은 기존 스마트폰 산업의 표준을 깼고, 이후에는 경쟁자들이 따를 수밖에 없는 새로운 표준을 세웠다.

2008년 7월 애플은 출시 3일만에 100만개의 아이폰3G를 판매하는 큰 성과를 거두었다고 발표했다. 또한 앱스토어의 다운로드 수가 1억 회를 돌파했다고 함께 발표했다. 아이폰3G의 초반 성과에 관해 2008년 스티브 잡스는 다음과 같이 말했다.

> "아이폰3G는 믿기힘든 주말을 보냈다. 처음 아이폰 백만 개를 파는데는 74일이나 걸렸다. 새로운 아이폰3G는 분명히 전세계에 걸쳐 놀라운 출발을 보였다."

아이폰이 출시된지 15개월밖에 되지 않았지만, 2008년 3분기가 되자 분기 판매량에서 RIM을 추월하기에 이르렀다. 이 분기에 아이폰은 690만 개를 판매했지만, 블랙베리는 610만 개 판매에 머문 것이다. 이에 대해 스티브 잡스는 다음과 같이 말했다.

> "애플은 지난 분기에 RIM보다 많이 팔았다. 이는 우리 회사에게 중요한 이정표이다. RIM은 좋은 제품을 만드는 좋은 회사이다. 그래서 어떤 분기든 시장에서 불과 15개월 만에 우리가 더 많이 팔수 있다는 것이 놀랍다."

더바디샵과 아니타 로딕

더바디샵의 창업과 성장

더바디샵(The Body Shop)은 화장품 회사이지만 광고를 하지 않고 업계의 일반적인 유통채널을 활용하지도 않는다. 포장에 최소한의 비용만을 들인다. 라벨에는 제품 사용 시 기적적인 변화를 가져온다는 식의 문구를 넣지 않고 단순히 원료와 재료만을 표기한다. 100% 천연원료를 사용하고 리필이 가능한 재활용 용기에 담아 판매한다. 가장 특이한 것은 사회에 대한 더바디샵의 강력한 메시지이다. 창업자인 아니타 로딕(Anita Roddick)은 "그 동안 기업들은 자신이 하는 행동의 윤리적이고 철학적인 면을 전혀 고려하지 않았어요. 그러나 이제는 변해야 합니다"라고 말했다.

1976년 영국 브라이튼의 작은 매장에서 시작한 더바디샵은 1991년 18개 언어의 38개국에 586개의 매장을 가진 매출액 3.9억 달러의 기업으로 성장했다. 전체 매장 중 약 10%는 직영 매장이었다. 영국에서는 '올해의 기업상'과 '올해의 소매업자상'을 1985년과 1989년에 각각 수상했다. 또한 창업자인 아니타 로딕은 1988년 더바디샵 제품을 좋아하기로 소문난 엘리자베스 여왕으로부터 훈장을 받는 등 다양한 상을 수상했다.

이탈리아계 영국인인 아니타 로딕은 파리의 신문사인 인터내셔널 헤럴드 트리뷴에서 연구직으로 일하다가 제네바의 UN 국제노동기구(ILO)로 이직 후 제3세계 여성의 인권에 관한 업무를 맡았다. 이후 남태평양, 아프리카 등지를 여행했으며, 영국으로 돌아와 스코틀랜드계 시인이면서 모험가인 고든 로딕을 만나 결혼하여 두 딸을 낳았다. 그리고 1976년 남편이 2년여간 여행을 떠나버린 것을 계기로 화장품 사업을 시작하게 되었다.

아니타 로딕은 은행에서 약 6,000달러를 빌려 지방 약초 수집가로부터 호호바 오일과 라숄 머드 등을 구입하여 자신의 부엌에서 25가지 스킨 캐어와 헤어 캐어 제품을 개발했고 값싼 소변 검사용 병에 담았다. 병의 겉에는 원재료명과 특징을 손으로 직접 써넣었고, 동네의 미술학도로부터 27달러에 산 장난기 어린 로고를 사용했다.

이와 같이 만들어진 초기의 천연 화장품은 민감한 피부를 가진 고객들에게 도움이 되었고, 독특한 향과 특성, 편안하고 믿음직한 매장 분위기를 좋아하는 소비자들이 단골이 되었다. 1976년 하반기 지역의 한 투자자로부터 6,000달러의 투자를 받고 자신의 지분 절반을 양도했으며, 1977년 남편이 여행을 마치고 돌아온 후, 적은 자본으로도 성장이 가능한 프렌차이징을 시작하게 되었다. 인근의 두 가맹점들이 모두 성공함에 따라 사업이 서서히 성장하기 시작했다.

초반기의 사업 목표는 오로지 생존하는 것이었다. 용기 비용을 아끼기 위해 기존 용기를 가지고 와서 리필하는 경우 가격의 15%를 깎아주었다. 처음 보는 원재료를 설명하기 위해 각 성분들을 용기에 표시하였으며, 매장의 습기를 감추기 위해 녹색으로 매장을 칠했다. 이는 결과적으로 환경의 중요성과 소비자의 알 권리를 중시하고, 녹색을 환경운동의 상징으로 받아들이는 젊은 세대들에게 강하게 어필하였다. 1980년대의 폭발적인 성장(약 50%의 성장률)으로 1984년 런던의 주식시장에서 더바디샵은 '중력의 법칙이 통하지 않는 주식'으로 알려졌고, 1991년 기업의 시장가치는 무려 5.9억 달러에 달했다. 이즈음 더바디샵 주식의 30%는 로딕 부부가, 30%가 6,000달러를 최초로 투자한 지역투자자가, 그리고 7%는 가맹점주들이 소유하고 있었다.

세계 어디에서나 더바디샵의 매장은 환하고 탁 트였으며 진한 녹색으로 꾸며져 있다. 이러한 매장에는 '난초 수액 클렌징', '당근 수분 크림', '해초와 박달나무 샴푸' 등의 제품들이 검은색 뚜껑과 녹색의 제품명을 달고 쌓여 있다. 제품의 가격은 저가 화장품보다는 비싸지만 백화점 화장품 코너의 제품들보다는 저렴하다. 점원들은 친절하고 겸손하며, 고객이 원하면 제품에 대해 매우 상세히 설명해 준다. 매장 한쪽에는 '포장에 대한 생각'이나 '동물실험반대' 등이 제목인 팜플렛이 쌓여있고, 각 제품에 대한 자세한 설명이 벽에 크게 붙어있다. 이는 아름다운 머리결과 완벽한 피부의 모델 사진을 걸어놓은 일반적인 화장품 매장과는 전혀 다른 모습이다. 아니타 로딕이 생각하는 미인은 외적으로 아름답지만 머리가 텅 빈 사람이 아니라 테레사

수녀와 같이 내적으로 성숙한 사람이었기 때문이다.

> "마법의 약, 기적의 치료제, 회춘 크림과 같은 것은 존재하지 않아요. 스킨 케어 제품들은 단지 피부를 세척하고 광을 내며 보호하기 위한 것일 뿐이예요. 이상 끝."

> "나는 본능적으로 화장품 산업에서의 일반 법칙들과는 완전히 반대인 가치를 추구했어요. 나는 다른 업체들이 하는 것을 보고 그들과 반대 방향으로 걸어왔죠."

한편 아니타 로딕은 화장품 산업이 착취적인 상황이 된 것은 이 산업이 남성들에 의해 돌아가고 있기 때문이라고 생각했다. 그래서 경영학을 전공하지 않고 약삭빠르지 않은 여성들에게 매장 운영의 약 90%를 맡겼다. 사랑, 보살핌, 육감과 같은 여성적 원리에 의해 기업이 운영된다면 화장품 산업이 크게 발전할 수 있다고 믿었던 것이다. 화장품 산업은 주로 여성에 의해 구매가 일어나고, 여성에 의해 입소문이 퍼지며, 여성에 의해 제품이 개발되는 산업이므로, 이와 같은 방식은 더바디샵의 숨겨진 힘이 되었다.

로딕은 가맹점주 선정 과정에 깊숙이 관여했다. 인성, 사업적 통찰력, 사람 및 환경에 대한 태도를 주요 기준으로 하고, 가정 방문을 포함하는 선정 과정은 오랜 시간에 걸쳐 이루어졌다. 로딕은 최종 인터뷰에서 '어떻게 죽음을 맞이하고 싶은가', '문학 작품에서 당신이 가장 좋아하는 여성은 누구인가' 등의 특이한 질문을 하곤 하였다. 이와 같이 가맹점주의 선택에 신중을 기한 이유는 더바디샵의 근본적인 이미지와 원칙이 프랜차이징으로 인해 희석되는 것을 원치 않았기 때문이었다. 선택된 가맹점주들은 제품지식, 상품화 계획, 매장운영에 관한 집중적인 훈련을 받게 되었다.

아니타 로딕은 여성의 피부와 두발에 대한 전세계 다양한 관습들을 배우기 위해 매년 서너달 동안 문화인류학자와 함께 전세계 오지들을 여행했다. 스리랑카에서 파인애플을 잘라서 피부에 문지르는 것을 보고 파인애플에 피부의 죽은 세포들을 없애는 물질이 있다는 것을 발견하고는 '파인애플 세안제'를 만들었다. 태평양의 섬들을 여행할 때에는 여성들이 코코아 씨앗의 추출액으로 머리를 감는 것을 보고 코코아 버터를 원료로 한 다양한 제품을 만들었다. 이로 인해 더바디샵은 이 원료들의 세계 최대 수입업자가 되기도 했다. 가나에서는 시어나무(서아프리카 사바나의 적철과 식물) 식물성 기름을, 하와이에서는 해초를, 일본에서는 동백꽃 기름을 발견하고 각각 상품화하였다. 대부분이 수세기에 걸쳐 사용된 원재료들로 인체에 대한 위험성이 매우 적었기 때문에 본사직원들의 자발적 참여로 테스트가 이루어졌다. 이후 1990년에는 공식적인 연구소를 설립하였다.

더바디샵은 마케팅이나 광고를 전혀 하지 않았고, 포장 또한 여전히 평범한 플라스틱 통을 사용하였다. 이는 전체 비용 중 85%가 광고와 포장에 쓰이는 화장품 산업의 관행과는 완전히 다른 것이었다.

아니타는 더바디샵의 가장 중요한 마케팅 수단이 매장이라고 생각했다. 따라서 매장의 외양, 인쇄물, 전시, 운영 등을 빈틈없이 관리하기 위해 지역담당자들이 매장을 주기적으로 방문하도록 했다. 또한 환경에 대한 자신의 생각이나 환경 캠페인, 최근 여행에서 얻은 경험들을 비디오로 제작하여 더바디샵 내에서 공유하도록 하였다. 반면 상향식 의사소통을 중시하여, 직원들이 고위 경영진에게 직접 의견을 전달하는 레드 레터(Red Letter) 제도를 운영했고, 비공식적인 의사소통을 적극적으로 활용하기도 했다. 청바지와 배낭을 메고 매장에 들려서 여행에서 당황스러웠던 일화들을 농담 삼아 이야기 했고, 생각 중인 신제품 아이디어를 설명하기도 했다. 또한 직원들의 근심거리들을 경청했는데, 이와 같은 의사소통 과정에서 직원들의 창의적인 사고방식에 놀라기도 하였다.

아니타 로딕의 철학

더바디샵은 '탐욕의 시대'에 크게 성공한 기업이었으므로, 아니타 로딕은 기업의 규모가 커짐에 따라 회사의 철학이 사라져가는 것을 막기 위해 노력했다. 특히 주식시장 상장으로 인해 더바디샵이 급격히 변하면 안된다고 생각했다. 사실, 그녀는 투자자들의 시선에 도통 관심이 없었고 늘상 그들을 투기꾼이라며 비판했다.

> "대부분은 오로지 단기적 이익에만 관심을 둔다. 그들은 우리의 주주총회에 나타나지도 않으며 우리의 목소리에 대답하지도 않는다. 내가 있는 한, 우리는 그런 사람들에게 전혀 책임감을 느끼지 않는다."

> "더바디샵이 상장된 1984년 이래로, 우리 회사는 오로지 한 가지 이유 때문에 존재한다. 우리의 성공이 사회적 변화를 가져오는 힘이 되도록 하는 것이다. 우리 회사는 계속 직원들을 교육하고, 제3세계의 발전을 도우며, 무엇보다 환경보호에 기여할 것이다."

더바디샵은 그린피스와 함께 각 매장에서 고래 살리기 캠페인을 시행하였고, 이후 지구의 벗(Friends of the Earth)이라는 환경단체와 공동으로 산성비, 재활용, 오존층 등의 문제에 대한 캠페인을 전개하였다. 이와 더불어 4인으로 구성된 환경 프로젝트 부서를 발족하여 캠페인을 관장할 뿐만 아니라 자사 제품의 친환경성을 점검하도록 하였다. 이후 지구의 벗이 관료화 되어가는 것에 실망하여 1987년부터는 자체적인 환경 및 사회 캠페인을 시작했다. 한편, 본사의 사회공헌 부서를 통해 모든 가맹점주들이 각각 AIDS 환자나 노숙인들을 위한 프로그램에 참여하고 본사직원들이 지원하도록 했다. 이를 이행하지 않는 가맹점주들에게는 매장 수를 더 이상 늘리지 못하도록 했다.

1987년 아니타는 제3세계의 발전을 위해 '원조가 아닌 거래(Trade Not Aid)'라는 정책을 시행하였다. 이는 제3세계의 사람들이 그들이 가진 자원으로 자신의 욕구를 충족시킬 수 있도록 돕기 위한 것이다. 이로써 천연재료를 기르거나 채취한 사람들은 더바디샵과 직접 거래를 하게 되었다. 1987년 인도 서부를 방문한 아니타는 가난하고 집없는 소년들이 농장에서 일을 하며 교육받는 것을 보았다. 이에 이 농장을 소년타운(Boys Town)으로 이름붙이고 아카시아를 원료로 한 발안마기의 최우선 공급자로 선정했다. 그리고 이들이 공급하는 제품에 대해 선진국의 임금(해당 지역 임금의 4배에 달함)을 기반으로 한 가격을 지불하였다. 소년들은 교육받고 일하는 동안 해당 지역 수준의 임금만을 받고, 16세가 되어 농장을 떠나 독립생활을 시작할 때 나머지 적립금을 받도록 했고, 이 발안마기의 판매를 통한 이익은 소년들의 건강과 교육을 위해 사용했다. 이와 유사한 '원조가 아닌 거래' 프로젝트들은 네팔과 영국 내 낙후지역에서도 실행되었다.

한편 1980년대 후반 더바디샵의 캠페인은 화장품 산업에서 동물실험 반대나 열대우림 보존, 핵무기 반대 등에 대한 서명운동과 같이 정치적인 성격을 띠게 되었다. 동시에 아니타는 이익 창출에 집중하라는 주주와 금융권 이해관계자들의 압력을 여전히 받아들이지 않았다.

> "비즈니스의 책임은 이익을 창출하는 것이 아니라 진정한 현실참여를 통해 생생하고 활기 넘치며 고결한 조직들을 사회에 창출하는 것이다. 나는 기업이 연차보고서와 회계장부에 의해서만 평가 받아서는 안 된다고 확신하고 있다."

아니타는 가맹점주들 또한 돈만이 아니라 더바디샵의 근본적인 철학에 동조하기 때문에 매장을 운영하길 바랐다. 직원들 또한 이윤 추구를 위해서가 아니라 흥분과 열정으로 회사생활을 하길 바랐고, 스스로 가치있는 일을 하고 있다는 신념을 가질 것을 강조했다.

> "내가 반드시 해야할 일은 우리 회사가 가장 상상력이 풍부하고, 가장 열정적이며, 가장 정직하게 살아있을 수 있도록 하는 것이다. 연말 실적 보고 회의를 제외하고는 이익이 언급된 회의는 단 한번 있었을 뿐이다."

2006년 3월 화장품 업계의 거인인 로레알은 더바디샵을 인수하였다. 그리고 이듬해인 2007년 9월 아니타 로딕은 뇌출혈로 사망했다. 생전의 약속대로 그녀의 전재산 5,100만 파운드(약 950억원)는 자선단체에 기부되었다.

산업구조, 자원과 역량, 전략

LNG 보냉재 산업과 동성화인텍

탄산음료산업에서의 경쟁

커피산업의 스타벅스

밴시티 신용협동조합의 위기

LNG 보냉재 산업의 동성화인텍

화인텍은 육상의 LNG 인수기지용 보냉재에 이어 1996년 국내에서는 최초, 세계에서 3번째로 LNG 운반선용 보냉재 개발에 성공했다. 이로인해 1990년대 후반에서 2000년대 중반까지 급격한 성장을 이루게 된다. 하지만 2008년 글로벌 금융위기가 닥치면서 LNG 운반선 발주가 거의 사라졌고, 환율 상승으로 인해 파생상품 손실이 커졌으며, 2000년대 대대적으로 진출한 신사업에서 부진이 지속되면서 큰 어려움을 겪게 되었다.

이러한 화인텍을 2009년에 인수한 동성그룹은 동성화학을 모기업으로 한다. 폴리우레탄 소재에서 세계적 수준의 기술력을 보유한 이 기업은, 한국 신발산업이 호황이던 1980년대 신발용 폴리우레탄 접착제를 생산해 전 세계 시장점유율 70%를 달성하기도 했다. 하지만 이 기업 또한 국내 신발산업의 쇠퇴와 1990년대 말 외환위기로 인해 주력인 접착제 사업을 매각할 수밖에 없는 어려움을 겪기도 했다. 인수 이후 화인텍은 동성그룹의 주력 계열사 중 하나가 되었고 2013년 회사명을 동성화인텍으로 변경하였다. 2010년대 동성화인텍은 LNG 보냉재 산업에서의 기회와 위협을 빠르고 정확하게 포착하여, 동성그룹과의 시너지를 바탕으로 효과적인 대응을 함으로써 경쟁적 지위를 유지하고 강화해 나갔다.

LNG 보냉재 산업구조

천연가스는 저장형태에 따라 두 가지로 불린다. 가까운 거리는 파이프라인을 통해 기체 상태로 수송되는데, 이를 PNG(piped natural gas)라고 한다. 그러나 이와 같이 부피가 큰 기체 상태로 장거리를 수송하면 경제성이 떨어지기 때문에, 액체로 만들어 압축하여 부피를 1/600으로 줄이게 되는데 이를 LNG(액화천연가스: liquefied natural gas)라고 한다. 예를 들어 우리나라에서는 가스공사가 LNG(액체) 상태로 인수기지에 저장된 천연가스를 전국의 파이프라인을 통해 PNG(기체) 상태로 각 지역의 도시가스업체에 공급하고 있다.

천연가스가 기화되는 온도가 -162℃이기 때문에, 액체 상태로 보관하기 위해서는 그 미만의 온도가 유지되어야 한다. 이를 위해 육상의 저장탱크와 배관, 운반선의 화물창과 배관을 모두 보냉재로 꼼꼼히 감싸야 한다. 따라서 LNG 보냉재 사업은 수요처에 따라 육상용과 운반선용 보냉재 사업으로 나눌 수 있다. 육상에 고정되어 있는 저장탱크와는 달리 LNG 운반선의 화물창은 파도에 따른 충격, 수축과 이완을 반복하는 특성 때문에 기술적으로 난이도가 훨씬 높다. 따라서 극저온을 유지하도록 하는 보냉재는 LNG 운반선의 품질을 좌우하는 가장 핵심적인 기자재이다.

LNG 보냉재는 초저온에서 견딜 수 있을 만큼 열전도율과 수축안정성, 흡수성이 균일해야 하는 어려움이 있다. 열전도율, 강도 등 폴리우레탄 소재의 물성 테스트를 거듭한 화인텍은 1995년 육상용 제품의 국산화에 성공하였다. 이 제품은 1997년 평택과 인천의 LNG 인수기지에 공급되었다. 이후 1996년에는 난이도가 훨씬 더 높은 선박용 초저온 보냉재를 개발하여 프랑스의 GTT, 미국선급협회(ABS), 영국의 로이드선급협회로부터 국제 품질인증까지 받는데 성공했다. 2000년이 되자 화인텍은 육상용과 운반선용을 포함한 LNG 보냉재 분야 국내시장 점유율 60%로 1위를 차지하게 되었다.

2000년대 중반의 시점에서 대규모 국내 인수기지의 신설을 기대하기 어려웠기 때문에 육상용 보냉재 사업의 성장에는 한계가 있었다. 하지만 운반선 사업은 전 세계적인 LNG 수요의 증가와 국내 조선사들의 수주 증가에 힘입어 최소 2010년까지 호황국면을 유지할 것으로 예상되었다. 세계적으로 LNG 운반선의 신규 발주는 꾸준히 이어졌고, 이중 75% 이상을 우리나라 업체들이 수주함으로써 국내 조선산업은 큰 호황을 누리고 있었다. 이에 따라 국내 LNG 운반선 보냉재 산업 또한 2006년 3,078억 원에서 2009년 5,697억 원으로 크게 성장할 것으로 기대되었다.

선박제조 원가의 약 55~70%를 차지하는 조선기자재 산업은 일반적으로 세 가지 특성을 가진다. 첫째, 이 산업은 다수의 중소(중견)기업이 주도하고 있다. 선박의 종류와 크기에 따라 다르지만 한 선박에는 1,000여 종의 조선기자재가 쓰인다. 선박에 따라 기자재의 요구사항이 다양해서 표준화와 규격화가 어려울

뿐 아니라, 각 기자재의 소요량도 매우 적어서 대량생산을 통한 규모의 경제를 달성하기도 어렵다. 이와 같이 다품종 소량생산 위주이기 때문에 조선기자재 산업에는 다양한 니치시장에서 많은 중소(중견)기업들이 활약하고 있다. 한국조선해양플랜트협회[2]에 따르면, 2015년 기준 국내 211개의 조선기자재 회사에서 58,263명의 근로자가 일하고 있다. 한 기업 평균 종업원수는 276명에 불과하며, 이들 기업 중 상장기업은 화인텍을 포함하여 한국카본(보냉재), STX엔진(엔진), 오리엔탈정공(선박 상부구조물), 삼영ENC(통신장비) 등 10여 개 밖에 없다. 둘째, 이 산업에서 기술과 경험의 중요성은 매우 크다. 선박 운항 시 많은 악조건 하에서도 인명, 화물, 해양 환경을 보호해야 하기 때문에 필요한 성능을 국제협약으로 정하고 있고, 각 국가들은 선급협회를 두어 추가적인 요구사항을 부과하며 직접 선박의 품질검사를 시행하고 있다. 높은 수준의 기술과 오랜 경험 없이는 이러한 요구를 모두 충족시키기 매우 어렵다. 셋째, 신규 진입자가 판로를 개척하기는 매우 어렵다. 기존의 기자재 기업들이 이미 조선업체들과 협력적 관계를 구축하고 있고, 선주가 중요한 기자재에 대해 특정 제품 사용을 요구하는 경향도 있기 때문이다.

LNG 보냉재 영역도 조선기자재 산업의 특성을 그대로 가지는데, 특히 이 영역에서 기술과 경험의 중요성은 더욱 크다. 멤브레인형 화물창의 원천기술은 프랑스의 GTT가 가지고 있다. 멤브레인형의 LNG 운반선을 만드는 기업들은 아직도 선가의 약 5%인 100억 원 이상의 로열티를 GTT에 지불하고 있다. 보냉재 사업을 위해서는 GTT 뿐만 아니라 로이드선급협회, 미국선

2) 한국조선해양플랜트협회(http://www.koshipa.or.kr)

급협회 등으로부터 인증을 획득해야 하는데, 이들은 의도적으로 각 국가의 소수 기업에게만 인증을 부여하고 있다.

〈MARK-III 운반선 화물창〉

LNG 화물창	단열패널 모듈
	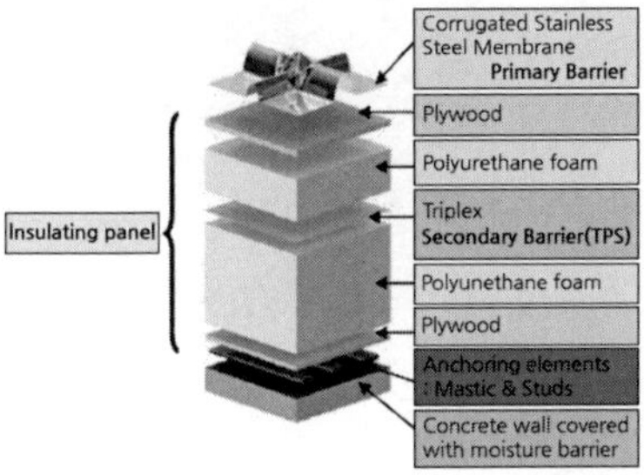

자료: 삼성중공업 블로그(blog.samsungshi.com), 동성화인텍 내부자료

멤브레인형 LNG 운반선의 보냉재는 크게 배관 보냉재(pipe insulation), 단열패널(insulation panel), 멤브레인(membrane)으로 나뉘는데, 배관 보냉재는 선박의 파이프를 감싸는 제품이고, 단열패널은 화물창의 온도를 극저온으로 유지하기 위한 보냉재이며, 멤브레인은 가스와 직접 접촉하는 1차 장벽이다. 멤브레인 방식은 보냉재의 원재료에 따라 마크-III형과 NO96형으로 다시 나뉘는데, 극저온에 의한 수축응력과 충격을 견딜 수 있는 멤브레인의 원재료로 마크-III형은 스테인리스를 사용하고, NO96형은 철에 니켈을 첨가한 인바(invar)라는 합금을 사용한다. 또한 마크-III는 풍랑 및 파도의 충격을 견디기 위해 유리섬유가 박힌 고밀도 폴리우레탄(R-PUF: reinforced PU form)으로 단열패널을 만들고, NO96형은 단열패널과 같은 기능의 단열박스(insulation box)를 만들기 위해 상대적으로 저렴한 펄라이트(perlite; 화산암)

를 원재료로 사용한다. 따라서 NO96은 마크-III에 비해 원가가 낮은 것이 장점인 반면, 단열박스가 두꺼워서 화물창에 적재할 수 있는 천연가스의 양이 적다는 단점이 있다.

NO96과 마크-III 타입의 화물창은 서로 간에 가장 강력한 대체관계에 있다고 할 수 있다. 국내 조선사 중 현대중공업과 삼성중공업은 LNG 운반선의 화물창을 외주하여 마크-III 방식을 생산하고, 대우조선해양은 펄라이트 등의 원재료를 구매하여 NO96 방식의 화물창을 직접 제작한다. 따라서 화인텍을 포함한 LNG 운반선 보냉재 업체들의 가장 핵심적인 고객은 마크-III 방식을 채택하고 있는 현대중공업과 삼성중공업이다. 일반적으로 마크-III 방식에서 보냉재의 공급가격은 선가의 8~10% 정도를 차지하며 금액으로는 한 척당 약 180~210억 원 정도이다.

2000년대 중반의 시점에서 국내 조선사의 LNG 운반선 시장 점유율이 매우 높기 때문에, 보냉재 업체의 국내 순위는 곧 글로벌 시장에서의 순위가 되었다. 이 산업에서 가장 강력한 지위를 확보하고 있는 기업은 화인텍과 한국카본인데, 진입장벽이 높기 때문에 실질적으로 두 중견기업에 의한 과점 산업의 성격을 띠었다. 이외의 주요 기업으로는 강림보냉과 삼우멤코가 있었다. 이 중 화인텍은 배관 보냉재, 단열패널, 멤브레인을 모두 생산하는 전 세계에서 유일한 기업이었다. 따라서 조선사와 함께 종합적인 일괄 시공이 가능하다는 큰 강점이 있었다. 화인텍은 단열패널에 이어 멤브레인 사업을 2001년 3월에 시작했고, 포스코에서 스테인리스를 공급받아 제작하였다. 배관 보냉재 사업은 2003년 덴마크의 로그스터(Logstor)와 함께 합작법인인 화인텍로그스터를 설립함으로써 시작하였다.

화인텍의 가장 강력한 경쟁자인 한국카본은 과거 낚싯대 업체로 잘 알려진 기업이었다. 유리섬유에 대한 높은 기술력을 갖고 있는데, 단열패널에 유리섬유가 필수적으로 들어가기 때문에 단열패널 분야에서 강한 경쟁력을 가진 것으로 평가되었다. 2001년 유리섬유 기술을 바탕으로 LNG 보냉재 산업에 진출했으며, 이 산업에서 약 70%의 가격 비중을 차지하는 단열패널에 집중하여 화인텍과 비슷한 시장점유율을 확보하였다.

〈2013년 현재 LNG 운반선 보냉재 산업(MARK-III형)〉

	단열패널 (insulation panel)	멤브레인 (membrane)	배관 보냉재 (pipe insulation)
개요	LNG 화물창의 보냉을 위한 제품으로 R-PUF를 이용하여 제작	LNG와 직접 접촉하여 극저온에 의한 수축응력과 충격을 견디는 Primary Barrier로 1.2mm 두께의 스테인리스 스틸	파이프를 보냉하기 위한 폴리우레탄 제품
수주 금액	LNG선 척당 150억원	척당 40~45억원	척당 25억원
주요 기업/ 시장점 유율	- 화인텍: 53% - 한국카본: 44%	- 화인텍: 60% - TMC(삼우멤코): 40%	- 화인텍: 70% - 강림인슈(강림보냉): 30%

자료: 동성화인텍 내부자료

화인텍 또한 한국카본으로부터 유리섬유를 구매하고 있었다. 한편 강림보냉과 삼우멤코는 각각 배관 보냉재와 멤브레인에 집중하여 동성화인텍과 함께 각 영역을 양분하고 있었다.

인수후 변화

(1) 구매의 통합

동성화인텍이 소재로 사용하는 폴리우레탄은 이소시아네이트(isocyanate)인 TDI와 MDI, 그리고 폴리올인 PPG를 원료로 만들어진다. 원유의 정제과정에서 나오는 나프타를 나프타분해설비(NCC: naphtha cracking center)에서 분해하면 기초유분이 얻어지는데, 기초유분 중 TDI는 톨루엔을, MDI는 벤젠을, PPG는 프로필렌을 원료로 한 유도품이다. 현재 국내에서 TDI는 한국바스프와 KPX화인케미칼이, MDI는 한국바스프와 금호미쓰이화학이 과점 생산하고 있다. 또한 국내 PPG의 공급도 KPX케미칼, SKC, 한국바스프, 금호석유의 네 기업이 과점하고 있다. 국내뿐 아니라 글로벌 시장에서도 폴리우레탄 원료업은 매우 집중화된 산업(consolidated industry)이다.

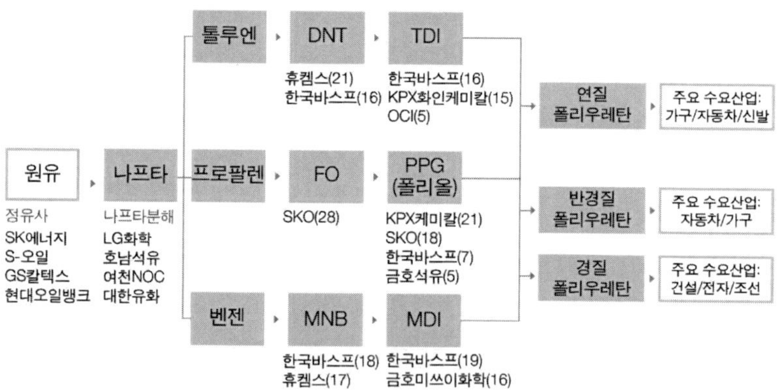

자료: 동성화인텍 내부자료; 괄호안은 연간 생산능력(만톤)

〈폴리우레탄 가치사슬(국내)〉

폴리우레탄은 스폰지나 스티로폼처럼 발포된 형태인 폼(foam)과 그렇지 않은 비폼(non-foam)으로 나뉜다. 비폼 형태의 폴리우레탄은 TDI나 MDI와 PPG를 혼합하여 만들어지고, 코팅제, 접착제, 우레탄 바닥재, 도료 등에 사용된다. 폼 형태의 폴리우레탄은 다시 연질(flexible), 경질(rigid), 반경질(semi-rigid)로 나뉜다. 연질 폴리우레탄은 주로 TDI와 PPG를 혼합해 만들어지고, 유연하고 복원력이 뛰어나 신발창, 매트리스, 소파, 자동차 시트 등의 쿠션재와 흡음재에 사용된다. 연질과 달리 딱딱한 경질 폴리우레탄은 주로 MDI와 PPG를 혼합하여 만들고, 열전도율이 낮아서 건축물, 냉장고, 냉동차량, LNG 운반선 등의 단열재(보냉재)로 활용된다. 마지막으로 반경질 폴리우레탄은 경질과 마찬가지로 주로 MDI와 PPG로부터 만들어지고, 자동차용 범퍼와 천정 등 내장재와 충격흡수재로 사용된다.

폴리우레탄 제조업에서 원료의 비중은 평균적으로 매출의 60~80%에 이르는데, 동성그룹의 주요 계열사들은 모두 같은 원료를 사용하고 있다. 동일한 PPG를 원료로 하고, MDI에 후속공정을 거쳐 만들어지는 소재를, 신발창용 수지를 생산하는 동성화학, 반경질 수지를 생산하는 동성하이켐, 그리고 동성화인텍이 사용한다. 그런데 MDI의 공급자는 전 세계적으로도 바스프, 바이엘, 니폰폴리우레탄 등 7~8개에 불과한 반면 폴리우레탄 제조업자들은 그 수가 매우 많고 규모가 작다. PPG와 MDI의 가격은 원료이자 기초유분인 벤젠의 가격과 연동되는데, 이러한 상황에서 공급자들은 두 가격의 차이인 스프레드를 조정함으로써 폴리우레탄 제조업자들에 비해 우월한 가격 설정권을 가진다. 이러한 스프레드는 전반적인 시장상황뿐 아니라, 계약기간, 구매량 등에 따라 구매자별로도 차이가 있다. 동성그룹은 그룹수준의 통합구매를 통해 구매량을 획기적으로 늘릴 수 있었고, 공급자들과의 협상력에서 이전보다 훨씬 유리한 위치를 확보할 수 있었다.

(2) 연구개발 노력과 성과

2009년 인수 직후는 조선사들의 부진으로 최악의 시기였지만, 연구개발 활동을 강화하여 산업에서의 기술주도권을 유지하기 위한 화인텍의 노력은 본격적으로 시작되었다. 2009년 회사가 어려워지자 연구개발 인력이 유출되기 시작했다. 13명 수준으로 유지되던 연구소의 인력은 인수 시점인 2009년 말 7명으로 급감했다. 연구개발 조직이 와해될 위기에 처한 것이다. 이에 2010년과 2011년 최악의 상황이었음에도 불구하고 화인텍은 최고경영자의 강력한 의지를 바탕으로 연구개발 조직의 강화에 나섰다. 연구개발 인력을 꾸준히 늘려 2012년 13명 규모를 되찾은 데 이어, 2013년 20명으로 조직을 확대한 후 지속적으로 유지하고 있다.

연구개발에 대한 강력한 의지는 연구개발 성과로 이어졌다. 보냉재의 품질을 결정하는 가장 중요한 요인은 두 가지이다. 첫째는 BOR(boil-off rate)로 불리는 자연기화율이다. 보냉재의 성능에 따라 하루에 기화되는 손실률에는 차이가 있다. 화인텍이 1996년 최초로 개발한 제품이 0.2% 수준이었고, 2011년까지 생산했던 제품의 BOR이 0.15%였다. 이는 하루에 운송하는 LNG의 0.2% 또는 0.15%가 기화되어 손실된다는 것을 의미한다. 둘째는 보냉재의 두께이다. 보냉재의 두께가 얇을수록 LNG 저장 공간의 크기가 커져서 수송량을 늘릴 수 있다. 일반적으로 두께가 두꺼울수록 BOR은 향상된다. 2012년 화인텍은 BOR을 기존의 0.15%에서 0.10%로 낮춘 제품을 내 놓았다. 그러나 BOR을 향상시키기 위해 보냉재의 두께가 기존의 270mm에서 400mm로 늘어날 수밖에 없었다. 이와 같은 한계는 2013년 신제품을 내놓으면서 깨지게 되었다. 동성화인텍이 270mm 두께에 BOR 0.085% 수준의 전 세계에서 가장 뛰어난 제품을 개발한 것이다. 이 제품은 2015년 7월 GTT로부터 BOR의 공식 인증까지 받게 되었다. 이에 대해 동성화인텍 장홍수 상무는 다음과 같이 설명한다.

> "예를 들어 우리나라는 대부분 카타르에서 LNG를 수입합니다. 운송하는데 우리나라까지 약 20일이 걸리지요. 그런데 카타르에서 100톤을 실었다면 우리나라에 오면 97톤 밖에 되지 않습니다. 0.15%가 하루에 사라지므로 20일이면 3%가 없어지는 것이지요. 이를 금액으로 환산하면 LNG선 한 척 당 연간 약 100억 원에 해당됩니다. LNG선에서의 기술 경쟁은 사라지는 비율을 최대한 낮추는 것입니다. 작년에 내놓은 우리의 제품은 BOR 0.085%입니다. 20일을 곱하면 1.7%가 되므로, 사라지는 양을 거의 절반으로 줄인 것입니다. 절감된 연간 약 50억 원에 LNG선의 평균적인 운항기간인 25년을 곱하면 1,250억 원의 엄청난 이익이 생깁니다. 전 세계 어떤 보냉재 업체도 우리 수준까지 도달하지 못하고 있습니다."

(3) 영업방식의 변화

> "조선사들은 보냉재의 품질에 덜 민감합니다. 뛰어난 기술을 홍보해도 화주와 선주에 비해 덜 적극적입니다. 그래서 우리는 해외의 화주와 선주에게 직접 제품을 설명하기로 했습니다. 우리의 제품을 쓰게 되면 한 척당 1,000억 원 이상 이익이라며 설

득해 나가고 있습니다. 현재까지 이러한 노력은 매우 성공적입니다."

산업의 특성 상 기화로 인한 손실은 선주 또는 화주가 감수해야 하는 몫이고, BOR이 낮은 보냉재로 인한 이익도 이들의 차지였다. 반면 조선 업체는 BOR은 다소 높더라도 가격이 저렴한 자재를 사용해 원가를 낮추려는 인센티브가 있다. 따라서 동성화인텍은 조선사가 아닌 해외의 선주 또는 화주에게 뛰어난 기술을 직접 어필하여 조선사에 동성화인텍 기자재의 사용을 요구하도록 하기 위해, 이들을 대상으로 한 제품 홍보와 영업활동을 적극적으로 추진하였다.

예를 들어, 동성화인텍은 2013년 4월 미국 휴스턴에서 개최된 'LNG 17'의 제17차 컨퍼런스에 참여하여 신기술을 발표하였다. 이 컨퍼런스는 전 세계에서 최고위 의사결정권자들과 전문가들이 참여하는 세계 최대의 LNG 산업 행사이다. 여기에서 동성화인텍의 발표는 브리티시가스, 마란가스, 가스로그 등 세계 주요 선주사로부터 큰 관심을 받았다. 특히 세계 최대의 선주사인 마란가스의 최고경영자는 "동성화인텍의 신기술은 LNG선 업계의 역사를 바꿀 제품"이라고 극찬하기도 했다. 그 결과 2014년 1월 마란가스가 현대중공업에 발주한 8척의 LNG 운반선에 동성화인텍의 신제품이 처음으로 쓰이게 되었다. 동성화인텍은 2014년 우리나라 킨텍스에서 개최된 GASTECH의 제27차 컨퍼런스 및 전시회에서도 부스 개설뿐 아니라 신기술 포럼을 단독으로 개최하였다. 별도의 장소에서 이루어진 단독 행사임에도 불구하고, 이 포럼에는 130여명의 선주, 가스회사, 조선사, 선급 관계자들이 참여하여 큰 관심을 보였다.

탄산음료산업에서의 경쟁

1990년대 중반 미국인 한명은 연평균 2백 리터가 넘는 탄산음료를 소비했고, 미국 시장의 전체 규모는 6백억 달러에 달했다. 일인당 연간 소비량은 1970년 87리터에서 이후 30년간 연평균 3%의 지속적인 성장을 기록했다. 이에 따라 탄산음료 산업을 주도하는 코카콜라와 펩시는 연간 10% 이상의 매출 성장을 기록하고 있었다. 과거에도 탄산음료를 대체할만한 음료는 많이 있었는데, 가령 우유, 커피, 주스, 차, 스포츠 음료, 생수 등이다. 하지만 미국인들은 탄산음료를 가장 많이 소비했다. 탄산음료 중 콜라는 60~70%의 점유율을 유지하며 1990년대까지 우위를 지켜나갔고, 레몬 라임(사이다), 페퍼, 루트비어, 오렌지 기반 탄산음료들이 콜라의 뒤를 따랐다.

원액 생산업자

탄산음료는 향 베이스, 감미료, 탄산화된 물로 구성되어 있다. 탄산음료 생산과 유통에는 원액 생산업자, 보틀러, 소매채널, 공급업자의 네가지 유형의 기업들이 참여하고 있다. 이 중 코카콜라와 펩시와 같은 원액 생산업자는 미가공 원료들을 혼합하여 플라스틱 통에 포장한 후 보틀러에 공급한다. 보틀러들은 다이어트 음료의 원액에는 아스파탐이라는 인공 감미료를, 일반 제품의 원액에는 설탕 또는 고과당 옥수수 시럽을 첨가한다. 원액 생산 공정에서 생산설비에 대한 자본투자는 크지 않다. 일반적인 원액 공장의 건설비용은 2천5백만 달러에서 5천만 달러 정도이며 단 하나의 공장으로도 미국 전체에 콜라 원액을 제공할 수 있다.

〈탄산음료산업 가치사슬〉

원액 생산업자들은 광고, 홍보, 시장 조사, 영업망(보틀러) 관리에 가장 큰 지출을 하였다. 원액 생산업자와 보틀러들은 마케팅 활동에 공동으로 투자했다. 이 때 제품기획, 시장조사, 광고 등은 원액 생산업자들이 더 많이 관여했다. 이들은 혁신적이고 정교한 마케팅 캠페인을 통해 브랜드에 많은 투자를 했다. 반면 보틀러들은 직접적으로 소비자를 대상으로 하는 행사와 거래처 확장에 큰 역할을 담당하며, 광고 및 홍보 비용의 50% 이상을 부담하였다. 원액 생산업자들은 유통 및 마케팅 담당자들을 고용하여 표준을 정하고 시행 절차를 제안함으로써 보틀러들을 지원했다. 그들은 또한 감미료와 포장용기 등의 공급업체들과 직접 협상을 통해 안정적이고 빠른 공급과 낮은 납품가를 유도했다.

과거에는 수백개의 로컬 원액 생산업자들이 있었지만, 점차 코카콜라와 펩시가 주도권을 잡으면서 분산된 산업경쟁구조(fragmnented industry)가 집중화된 구조(consolidated)로 변화해갔다. 미국 내 원액 생산업자들 사이에서 코카콜라와 펩시의 점유율은 2000년 기준 76%에 달했고, 그 뒤를 멀찌감치 떨어져 캐드베리 슈웹스와 코트가 쫓고 있다.

보틀러

보틀러(bottler)는 원액을 구매하여 탄산, 물, 고과당 옥수수시럽을 첨가한 후 완성된 탄산음료를 병이나 캔에 담아 소매채널에 공급한다. 보틀러와 소매채널간의 관계는 판매량과 브랜드 가치의 지속적인 유지에 중요한 역할을 해왔다. 소매채널의 기업들은 보틀러들이 일정부분 비용을 감당하는 조건으로 각종 홍보와 행사에 동의했다.

보틀링을 위해서는 고가의 특화된 고속 생산라인이 필요하다. 각 생산라인은 비슷한 용량과 포장방식에 한해서만 서로 호환이 가능하다. 병과 캔에 콜라를 담는 생산라인을 설치하는데는 용량과 포장방식에 따라 다르지만 4백만 달러에서 1천만 달러의 비용이 소요된다. 창고와 사무공간을 포함한 보틀링 공장을 짓는 데는 최소 2천5백만~3천5백만 달러의 비용이 든다. 따라서 4개의 생산라인과 자동화된 물류시스템 등을 포함한 대규모 보틀링 공장을 짓는데는 1998년 기준 약 7천5백만 달러가 필요했다. 원활한 공급을 위해서는 미국 전역에 걸쳐 이러한 보틀링 공장이 80~85개 필요하다.

보틀러의 원가에서 가장 큰 비중을 차지하는 것은 포장비용으로 전체의 절반을 차지했다. 이어서 원액과 감미료는 각각 삼분의 일과 십분의 일을 차지했다. 나머지 비용의 대부분은 근로자의 인건비였다. 보틀러들의 매출총이익률은 보통 40%를 초과했지만 영업이익률은 매우 낮았다.

미국의 탄산음료 보틀러의 수는 1970년 2천개가 넘었지만, 2000년에는 3백개로 급격히 줄어들었다. 미국 전역에 보틀러 네트워크를 확립한 건 코카콜라가 최초였으며 이후에 펩시와 캐드베리 슈웹스가 그 뒤를 이었다. 일반적으로 원액 생산업자는 보틀러와의 프랜차이징 계약을 통해 보틀러가 정해진 지역에서 제조 및 판매할 수 있는 권리를 부여했다.

소매채널

2000년 미국 탄산음료의 판매는 슈퍼마켓(35%), 패스트푸드 식당 등의 파운틴(fountain) 매장(23%), 창고형 할인점 및 약국 등의 그 외 매장(20%), 자판기(14%), 편의점(9%)의 채널을 통해 이루어졌다.

탄산음료의 주요 유통채널은 슈퍼마켓(식료품점)이다. 탄산음료는 슈퍼마켓의 5대 인기품목에 들었다. 슈퍼마켓 총매출에서 콜라는 3~4%를 차지했고, 식료품 평균치 정도인 15~20%의 마진이 남았다. 이처럼 탄산음료는 슈퍼마켓 사업의 매우 큰 부분을 차지하고 있으며 많은 사람을 불러모으는 데 큰 역할을 한다. 보틀러들은 가장 좋은 진열대를 확보하기 위해 치열하게 노력했고, 계산대 옆에 냉장고를 배치하는 등 소비자의 충동구매를 유도할 수 있는 새로운 방법에 대해 고민했다.

펩시가 소매점을 통한 판매에 주력했다면 코카콜라는 파운틴 판매를 지배했다. 2000년 기준으로 코카콜라가 파운틴 시장의 65%를 차지한 반면 펩시는 21%에 그쳤다. 파운틴 판매에서의 경쟁은 치열했다. 파운틴 판매에서는 원액 생산업자와 보틀러보다 음식점들이 수익의 대부분을 가져갔다. 즉 매출액 1달러당 80센트는 음식점들이 챙겨갔다. 한편 코카콜라와 펩시는 파운틴 장비에 투자하며, 컵, 매장 기기 및 비품, 광고, 매장 내 홍보를 통해 소비자들에게 끊임없이 브랜드 이미지를 각인시키기 위해 노력했다.

과거 펩시가 피자헛(1978), 타코벨(1986), KFC(1986)를 인수하며 패스트푸드 사업에 뛰어 들자, 코카콜라는 웬디스와 버거킹 같은 체인들이 코카콜라로 전환하도록 설득했다. 이후 펩시는 1997년 트라이콘(Tricon)이라는 이름으로 레스토랑 사업을 분리했다. 2000년 현재 펩시는 여전히 피자헛, 타코벨, KFC 등에서, 코카콜라는 맥도날드, 버거킹, 웬디스 등에서 독점 판매권을 유지하고 있었다.

공급업자

원액 생산업자들이 필요로 하는 원재료는 많지 않다. 콜라를 만드는데는 카라멜 컬러링, 인산 및 구연산, 감미료, 카페인 등이 필요하다. 보틀러들에게 가장 큰 비중을 차지하는 원재료는 포장용기와 감미료이다. 이들은 포장용기로 캔 34억 달러, 플라스틱 병 13억 달러, 유리병 6억 달러를 구매한다. 탄산음료의 포장용기로는 캔이 60%, 플라스틱 병이 38%, 유리병이 2%를 차지한다. 또한 감미료로 설탕과 고과당 옥수수 시럽 11억 달러, 인공 감미료 10억 달러를 구매한다.

코카콜라와 펩시는 보틀러 네트워크를 대신하여 구매 협상을 담당했다. 탄산음료 산업은 캔용기 제조업자들에게 가장 큰 구매자였다. 또한 탄산음료 원가 중 많은 부분을 캔이 차지했기 때문에 원액 생산업자들은 일반적으로 하나 이상의 캔 제조업자들과 관계를 유지해 나갔다. 1960~70년대 코카콜라와 펩시는 캔 용기의 자체 생산을 시도했으나 1990년대 이전에 모두 중단했다. 그 대신 코카콜라와 펩시는 캔 제조업자들과 장기적이고 안정적인 관계를 유지하고자 했다. 금속 캔 산업에서는 공급과잉이 발생하고 있었고, 한 계약을 따내기 위해 두 세 개의 캔 제조업자들이 서로 경쟁하는 상황이 일반적이었다.

코카콜라와 펩시

코카콜라는 1886년 조지아주 애틀랜타의 존 펨퍼턴이라는 약사에 의해 탄생되었다. 코카(coca) 나뭇잎과 콜라(cola) 열매를 원료로 하며 처음에는 소화제로 약국에서 팔렸다. 몇 년 후 사업가인 아사 캔들러는 제조법을 헐값에 사들여 코카콜라를 창업했다. 코카콜라의 원액 제조법은 '머천다이즈 7X'로 불리며 애틀랜타의 한 은행 금고 속에서 아무에게도 공개되지 않도록 엄격하게 보관되고 있다. 아사 캔들러는 1899년 코카콜라의 첫 번째 보틀링 권리를 단 1달러에 허가하였는데, 앞으로 코카콜라의 주 판매 경로는 소다 파운틴이 될 것으로 믿었기 때문이다. 그러나 예상 밖으로 코카콜라의 보틀러 네트워크는 급속히 성장하여 1910년에는 보틀러의 수가 370개에 달했다.

산업의 초기에는 콜라의 모방과 위조품이 성행하였고 이를 막기 위해 코카콜라는 끊임없이 법적 소송을 제기하였다. Coca-Kola, Koca-Nola, Cold-Cola 등 1916년 한 해에만 무려 153개의 모방 제품에 대해 영업정지 처분이 내려졌다. 코카콜라는 독특한 200㎖ 짜리 주름치마 형태의 병을 개발하여 특허를 출원했는데 이는 미국 문화의 아이콘으로 자리잡았다.

당시 최고경영자이던 로버트 우드러프는 미국이 2차 세계대전에 참전하게 되자 아이젠하워 장군의 요청에 따라 제복을 입은 군인은 언제든지 단돈 5센트로 콜라를 살 수 있도록 했다. 이는 회사의 큰 손해를 감수한 것이었다. 1942년부터 콜라는 군부대에서 판매되었고 군납 제품은 전시 설탕 할당제의 예외가 인정되었다. 미군 부대의 이동경로에 따라 코카콜라의 보틀링 공장들이 만들어졌다. 정부가 예산을 지원하여 무려 64개의 보틀링 공장들이 전쟁 중 지어졌다. 이는 이후에 코카콜라가 아시아와 유럽에서 높은 시장점유율을 차지하는데 중요한 영향을 미쳤다.

펩시콜라는 1893년 노스캐롤라이나주 뉴번에서 칼렙 브래드햄이라는 약사가 발명하였다. 코카콜라처럼 펩시 역시 보틀링 시스템을 구축하여 1910년까지 270개의 보틀러를 보유하게 되었다. 하지만 펩시의 실적은 썩 좋지 않아 1923년과 1932년에 파산을 선언하기도 했다. 이후 대공황 시기에 355㎖ 한 병의 가격을 5센트로 낮추어 200㎖에 5센트인 코카콜라 보다 저렴한 가격을 제시했고, 이를 통해 조금씩 판매를 회복해 나갔다.

1938년 코카콜라는 펩시를 상대로 소송을 제기했다. 펩시콜라라는 상호가 코카콜라의 아류라는 것이 이유였다. 그러나 계속

되는 소송과 맞소송 끝에 결국 1941년 펩시의 승리로 끝이 났다. '양은 두 배, 가격은 5센트'라는 유명한 라디오 광고와 함께, 1940년대 펩시의 판매량은 로얄 크라운과 닥터 페퍼를 넘어섰고 코카콜라에게만 뒤지는 상황이 되었다. 1950년 코카콜라의 미국 내 탄산음료 시장점유율은 47%였고 펩시는 10%였으며 그 외 수백개의 로컬 회사들이 다양한 맛으로 경쟁하고 있었다.

1963년 펩시는 새로운 CEO 도널드 켄달의 지휘 아래 젊은이들과 젊게 살고 싶어하는 이들을 겨냥한 펩시세대(Pepsi Generation) 캠페인을 시작하였다. 이 마케팅 캠페인의 메시지는 코카콜라를 마시는 세대는 구세대이고, 신세대는 펩시를 좋아한다는 것이었다. 펩시의 광고 대행사는 스포츠카, 오토바이, 헬리콥터 등과 함께 눈길을 끄는 슬로건을 활용하여 강렬한 광고를 만들어냈다. 이 캠페인이 성공하며 코카콜라와 펩시의 점유율은 2:1 정도로 격차가 줄어들었다.

제품 측면에서 보면, 코카콜라와 펩시 모두 1960년대에 들어서면서 새로운 콜라, 새로운 맛의 음료를 개발하려는 시도를 하였다. 코카콜라는 새롭게 환타(1960년), 스프라이트(1961년), 저칼로리 음료 탭(1963년)을 내놓았다. 펩시는 이에 대항하여 팀(1960년), 마운틴 듀(1964년), 다이어트 펩시(1964년)를 개발했다. 시장 측면에서는, 1960년대 코카콜라가 주로 해외 시장에 초점을 맞춘 반면 펩시는 미국 시장에 주력했다. 코카콜라는 미국 내 1인당 탄산음료 소비량이 82리터에 도달하여 거의 포화상태에 이르렀다고 판단했다. 그러나 펩시는 여전히 미국 내 경쟁에 주력했고 결과적으로 1950년에서 1970년 사이에 시장점유율을 두 배로 끌어올릴 수 있었다.

1974년 텍사스주 댈러스에서는 펩시의 도전(Pepsi Challenge)이 시작되었다. 당시 댈러스에서는 코카콜라가 가장 인기있었고 2위는 닥터 페퍼였으며 펩시는 그 보다 한참 뒤진 3위였다. 펩시의 댈러스 지역 보틀러들은 상표명을 알리지 않고 소비자에게 여러 가지 콜라를 맛보게 하는 블라인드 시음회를 통해 사실은 펩시가 코카콜라보다 맛있다는 것을 알렸다. 댈러스에서 펩시의 판매량은 급증했고, 처음에는 꺼리던 다른 지역의 보틀러들도 참가하여 이 캠페인은 전국적으로 퍼지게 되었다. 펩시의 도전은 성공적으로 코카콜라의 점유율을 끌어내렸다. 드디어 1979년에는 슈퍼마켓 판매량에서 펩시가 처음으로 코카콜라를 1.4% 앞서는 쾌거를 이루었다.

1980년대에 들어서면서 신제품들이 쏟아져 나왔다. 코카콜라는 체리콜라, 미닛메이드 오렌지주스, 카페인프리 콜라 등 11개의 신제품을 발표했다. 펩시는 카페인프리 펩시, 슬라이스(사이다), 체리펩시 등 13개의 신제품을 내놓았다. 1980년대를 지나면서 보다 영세한 원액 생산업자들은 코카콜라와 펩시의 거센 압력에 당해낼 수 없었다. 슈퍼마켓의 선반에서 좋은 자리를 선점할 수 없게 되자 작은 브랜드들은 계속해서 주인이 바뀌는 어려움을 겪기도 했다. 닥터 페퍼는 여러 번 매각 되었고, 캐나다 드라이도 두 번이나 매각되었다. 뿐만아니라 선키스트, 샤스타, A&W 등도 매각을 경험했다.

담배회사인 필립 모리스는 1978년 거액을 들여 세븐업을 인수했지만 1980년대 적자에 시달리자 결국 1985년 다시 매각하고 말았다. 산업 내에서 수많은 매각과 인수가 이어졌고, 그 결과 1990년대에 이르면 캐드베리 슈웹스가 세번째로 큰 원액 생산업체가 되었다. 하지만 여전히 1, 2위와의 격차는 컸다. 캐드베리 슈웹스가 인수한 브랜드는 1995년 닥터 페퍼와 세븐업, 2000년 스내플이 대표적이다.

코카콜라, 펩시, 보틀러

코카콜라와 보틀러들의 관계는 1970년대 후반부터 팽팽한 긴장 국면에 들어섰다. 코카콜라는 보틀러들에게 공장과 시설을 최신화하고, 마케팅과 홍보 뿐 아니라 신제품 개발 비용까지 부담할 것을 계속해서 요구했다. 높은 광고비, 제품과 포장방식의 다양화, 일상이 되어버린 소매가격 인하는 보틀러들의 수익성을 악화시키고, 다른 한편으로 필요한 자본의 수준을 크게 높였다. 그리하여 여러 세대에 걸쳐 가족경영 방식으로 운영해 온 많은 보틀러들이 경쟁력을 상실해갔다.

1980년 7월 코카콜라는 보틀러와 관련된 새로운 방침을 발표했다. 이에 따라 코카콜라는 상황이 열악한 보틀러들에 자본을 투입한 후, 재빨리 상황이 좋은 다른 보틀러들에게 되팔았다. 이런 식의 재편에 따라 코카콜라의 주요 보틀러들이 대형화되고 보다 넓은 지역으로 확장할 수 있는 기틀이 마련되었다. 또한 코카콜라는 직접 보틀러들을 인수하기도 해서 1985년 생산량 기준 약 1/3을 코카콜라가 직접 보틀링하게 되었다. 1986년에는 계약조건을 변경하여 코카콜라가 원액 납품 가격을 보다 자유롭게 책정할 수 있도록 했다.

이후 코카콜라는 보틀러 인수를 더욱 가속화했다. 1986년 코카콜라는 보틀링 자회사인 코카콜라 엔터프라이즈(CCE)를 설립한 후, 주식을 공개하여 지분의 51%를 일반인들에게 매도하였다. CCE는 작은 지역 단위를 광역 단위로 재편하고, 공급업체들과 소매채널과 새롭게 협상하며, 중복을 제거하여 종업원의 20%를 감축했다. 또한 CCE는 자동화된 생산라인에 집중적으로 투자하여 거대한 시설을 갖추기 시작했다. CCE는 계속해서 독립 보틀러들을 인수했다. 그 결과 2000년 CCE는 코카콜라의 가장 큰 보틀러로서 1,470억 달러가 넘는 매출액을 기록했고, 북미 콜라 소비량의 70% 정도를 판매했다.

1980년대 후반 펩시 또한 보틀러들을 인수하기 시작했다. 펩시의 보틀러들은 1980년대 중반 400개에서 1990년대 중반에는 200개 정도로 줄어들었다. 코카콜라와 마찬가지로 1999년 펩시는 펩시 보틀링 그룹(PBG) 주식을 공개하며 지분 중 35%를 소유하였다. 2000년 기준 PBG는 미국 내 펩시 음료의 55%, 전세계 음료의 32%를 생산하였다.

환경의 변화

탄산음료 업계는 1990년대 후반부터 어려움을 겪기 시작했다. 탄산음료가 여전히 미국인들 사이에서 가장 인기 있는 음료이긴 했지만 2000년 미국 내 판매량은 고작 0.2% 증가에 그쳤다. 이러한 저성장은 1980년대의 5~7% 성장세와 대조되는 것이었다. 동시에 세계 곳곳에서 일어난 경제위기로 인해 코카콜라와 펩시의 보틀러들은 과잉 투자와 낮은 가동률이라는 문제에 빠지게 되었다. 많은 전문가들은 코카콜라와 펩시의 화려한 성장세와 수익률이 곧 사그러들 것으로 전망했다.

1990년대 초반 코카콜라와 펩시는 슈퍼마켓에서 고품질 저가격을 무기로 한 자체 브랜드들과 대항하기 위해 저가 정책을 펼쳤다. 그러나 이러한 저가 브랜드들의 위협이 덜해지자 CCE는 1999년 20년 동안 고정되었던 소매 가격을 인상하기 시작했다. 그러자 곧 PBG 또한 가격 인상에 동참하였다. 가격 인상은 소매점 판매량의 감소로 이어졌다. 1999년과 2000년에 CCE가 슈퍼마켓 판매 가격을 6~8% 올리자, 북미 판매량 역시 1.5%와 0.8% 감소하였다.

1990년대 후반 파운틴 채널에서 코카콜라와 펩시의 경쟁은 더욱 치열해졌다. 코카콜라의 텃세를 이겨내기 위해 펩시는 전국적인 공략을 펼쳤고, 이에 코카콜라는 대형 고객들을 유지하기 위해 많은 비용을 지불해야 했다. 펩시는 디즈니와 1998년 계약을 통해 새로 지어진 디즈니 퀘스트, 클럽 디즈니, ESPN 존의 체인들에 음료를 공급하기로 함으로써 코카콜라와 디즈니의 독점적 관계를 깰 수 있었다. 코카콜라는 1만 개 매장을 보유한 버거킹의 음료 공급권을 둘러싼 치열한 경쟁에서 승리했다. 하지만 이 과정에서 2억 5천만 달러의 리베이트를 두배로 올릴 수밖에 없었다. 펩시의 노력에도 불구하고, 2000년 코카콜라는 미국 내 파운틴 판매에서 65%의 시장점유율을 차지하여 21%의 펩시를 큰 차이로 따돌렸다.

1990년대 후반까지 탄산음료 업계에는 많은 종류의 음료들이 새로 생겼다가 사라지곤 했다. 다이어트 탄산음료들의 경우, 1980년대 후반 두자리 수의 성장세를 기록하여 1991년 탄산음료 시장의 29.8%를 차지하며 정점을 기록했다. 하지만 1999년 다시 1988년 수준인 24.4%로 축소되었다. 레몬 라임, 페퍼, 루트 비어와 같이 향이 첨가된 탄산음료들도 인기가 있었다. 1999년 마운틴 듀는 6% 성장을 자랑하며 3년 째 다른 탄산음료 브랜드보다 빠른 성장을 기록했으나, 2000년 새로운 비탄산음료들의 등장으로 성장률이 1.5%로 감소하였다.

1990년대 후반 전체 비알코올 음료 시장에서 탄산음료가 차지하는 비중은 41.3%였고, 병에 담긴 생수는 10.3%였으며, 나머지는 비탄산음료들이었다. 비탄산음료의 판매량은 1995년 18%, 2000년 5% 증가하였다. 이에 비해 같은 기간 탄산음료는 각각 3%, 0.2% 증가했다. 성장세가 두드러진 비탄산음료는 주스, 스포츠 음료, 차 음료, 유제품 음료 등이 있었고 특히 생수의 인기가 가장 커졌다. 1990년대 생수 산업은 매년 평균 8.3% 성장해서 2000년 판매량이 190억 리터를 넘어섰다. 매출총이익은 판매량의 증가를 앞질러서 매년 9.3% 증가했으며, 2000년 일인당 연간 소비량은 50리터에 이르렀다.

사업다각화

코카콜라와 펩시는 비탄산음료의 성장에 대응하기 위해 적극적으로 새로운 브랜드를 내놓았다. 생수시장에서 펩시는 1998년 아쿠아피나를 출시하여 전국적인 브랜드로 키웠다. 그러자 코카콜라는 1999년 다사니를 출시하여 대응했다. 비록 펩시와 코카콜라의 물은 생수가 아닌 역삼투 공정을 거쳐 정화된 것이었지만 다른 생수 브랜드에 비해 유통채널 면에서 크게 강점을 가지고 있었다.

코카콜라와 펩시는 1990년대 여러 새로운 음료들을 내놓으며 포트폴리오를 다양화했다. 펩시의 경우 트로피카나(1998년), 게토레이(2000년), 소베(2000년) 등으로 확장했다. 두 회사 모두 향후 음료산업의 성장은 비탄산음료 부문이 주도할 것으로 내다

보았다. 펩시는 자신을 더 이상 콜라회사가 아닌 종합음료회사로 생각했다. 비록 콜라가 여전히 두 회사의 판매량에서 압도적인 비중을 차지했지만, 1990년대 후반 이후 지속적인 성장을 위해 비탄산음료 개발에 힘썼다. 실제로 1999년 비탄산음료는 펩시의 성장에 80%, 코카콜라의 성장에 100% 이상을 기여했다.

2000년 펩시는 비탄산음료에서 코카콜라를 앞지르며 선두를 점하고 있었다. 26억 달러의 스포츠 음료 시장에서 게토레이(76%)가 파워에이드(15%)를 앞질렀고, 35억 달러의 차 음료 시장에서는 립톤(38%)이 네스티(27%)에 앞섰으며, 생수에서는 아쿠아피나(13%)가 다사니(8%)를 이기고 있었다. 30억 달러 오렌지 주스 시장에서 트로피카나는 44%의 시장을 차지했는데, 이는 미닛메이드를 2배 이상 앞선 것이었다. 사우스비치 음료를 인수한 후 펩시는 비탄산음료 시장점유율을 31%로 키워나갔다. 반면 코카콜라의 점유율은 19%였다.

글로벌화

1990년대 서서히 국내 수요가 정체되기 시작하자 코카콜라와 펩시는 새로운 성장을 위해 해외로 눈을 돌렸다. 대부분의 글로벌 시장에서 1인당 소비 수준은 미국과 비교하면 극히 미미하였다. 1999년 코카콜라는 53%의 세계 콜라시장 점유율을 차지했고, 펩시와 캐드베리 슈웹스는 각각 21%와 6%의 점유율을 기록했다. 주요 해외 시장 중 코카콜라는 서유럽과 라틴 아메리카를 지배했고, 펩시는 중동과 동남아시아에서 우위를 점했다.

제2차 세계 대전이 끝날 무렵, 코카콜라는 세계에서 가장 큰 음료 보틀러로 등극했다. 코카콜라는 1950년대에 걸쳐 꾸준히 세계 시장을 점령해 나갔고, 결국 코카콜라라는 이름은 미국 문화의 대명사가 되었다. 코카콜라를 따라 펩시도 종전 후 유럽시장에 진출했으며, 아랍과 구소련의 코카콜라 판매 금지에 힘입어 1970년대 초반 이들 지역 진출에 성공했다. 하지만 펩시는 글로벌 시장에 주력하지 않았다. 1980년 코카콜라의 해외 판매 비중이 62%였던 것에 비해 펩시는 20%에 그쳤다.

1980년대 말 펩시는 다시 글로벌 시장에 적극적으로 뛰어들었다. 펩시는 1인당 소득이 안정적이고 대량판매가 가능하여 높은 수익 창출이 가능한 해외 시장을 공략하였다. 이 국가들은 보통 코카콜라의 요새로 불리는 곳들이었다. 따라서 코카콜라 또한 가만히 있지 않았다. 1996년 베네주엘라에 있는 펩시의 오랜 보틀러를 코카콜라로 전환하게 함으로써 펩시에 일격을 가했는데, 이를 통해 일시적으로 80%에 이르던 펩시의 베네주엘라 시장점유율은 하루 밤사이에 제로로 추락했다.

1990년대 말이 되자 펩시는 맞대결을 피하는 대신 아직 기회가 남아있는 신흥시장에 주력했다. 1999년 펩시의 판매량은 세계적으로 5% 증가했고 영업이익은 37% 증가하였다. 펩시의 주요 글로벌 시장 25개에서 시장점유율이 증가했고, 특히 인도에서 10%, 중국에서 16%, 러시아에서 100%의 증가율을 기록했다.

코트의 추격

코카콜라와 펩시는 오랜 동안 탄산음료 산업을 지배해 왔다. 역사적으로 이 두 기업은 광고와 촉진에 대한 막대한 투자를 통해 소비자로부터 높은 브랜드 로열티를 확보해 왔다. 그 결과 잠재적 경쟁자가 이 산업에 진입해서 두 거인으로부터 시장을 빼앗는 것은 거의 불가능하게 되었다. 또한 만약 새로운 경쟁자가 진입하면 가격을 크게 낮춤으로써 시장에서 쫓아내거나 성장하지 못하도록 해왔다.

그럼에도 불구하고 1990년대 초반, 캐나다의 자그마한 보틀러인 코트(Cott Corp.)가 이러한 탄산음료 시장에 진입을 시도하였다. 코트의 전략은 매우 간단했다. 이 회사는 탄산음료 시장 중 우선적으로 콜라 부문에 집중했다. 먼저 글로벌 시장에서 콜라 원액을 독점적으로 사용하는 계약을 미국의 로얄 크라운과 채결했다. 로얄 크라운은 미국 시장에서 확고한 위치를 차지하지 못한 기업이었다. 콜라의 품질은 인정받았지만 한 번도 코카콜라나 펩시의 아성에 제대로 도전한 적이 없었다. 다음으로 코트는 캐나다의 슈퍼마켓 체인인 로블러(Loblaw)와 자체 브랜드의 콜라를 공급하는 계약을 채결했다. 로블러의 자체 브랜드 콜라는 가격이 낮아서 큰 성공을 거두었다.

코트는 이에 힘입어 다른 소매업체들에게도 자체 브랜드 콜라 출시를 적극적으로 설득해 나갔다. 소매업자들에게는 매우 매력적인 제안이었다. 콜라의 두 거인과는 달리 코트는 마케팅 활동을 거의 하지 않는다. 이로 인해 엄청나게 큰 비용이 절감되어서 소매업자들에게 매우 낮은 원가로 콜라를 공급할 수 있다. 따라서 소매업체들은 자체 브랜드 콜라에서 높은 수익을 얻으면서도 코카콜라와 펩시의 공급 가격 인하를 압박할 수 있게 된다.

코트의 성장에서 가장 획기적인 사건은 1992년 월마트와 샘스 초이스(Sam's Choice)라는 자체 브랜드 콜라의 공급 계약을 맺은 것이다. 월마트는 코트에게 완벽한 유통채널이 되어주었다. 그 당시 월마트는 슈퍼마켓(식료품) 사업을 막 시작했을 때였다. 월마트의 식료품 사업이 성장하면서, 코트의 매출도 함께 증가하였다. 코트는 콜라 이외에 새로운 제품들도 출시했다. 예를 들어 세븐업이나 스프라이트와 경쟁하기 위해 레몬 라임 탄산음료를 판매하기 시작했다. 더욱이 1990년대 후반부터는 미국의 다른 소매업체들도 월마트와 경쟁하기 위해 자체 브랜드 탄산음료를 출시했는데, 코트는 이 중 많은 업체들과 계약을 채결하는데 성공했다.

2006년 코트는 매출액 18억 달러 규모의 회사로 성장했다. 탄산음료 시장의 수요가 이미 정체되었음에도 불구하고 코트의 판매량은 2001년부터 2006년까지 연평균 12.5%의 성장을 지속해 나갔다. 탄산음료 산업에 진입한 지 불과 10여년 만인 2005년에 미국 탄산음료 시장에서 5%가 넘는 점유율을 확보하였고, 특히 핵심적인 유통채널인 슈퍼마켓 체인에서는 16%에 달하는 시장점유율을 달성했다. 소비자들이 고품질 저가격의 자체 브랜드 탄산음료 구매를 점차 늘려감에 따라, 두 거인의 브랜드 로열티와 시장점유율은 지속적으로 감소하고 있다.

커피산업의 스타벅스

이탈리아에서의 경험

스타벅스는 1971년 워싱턴주 시애틀에서 사업을 시작하였다. 회사의 이름은 허먼 멜빌의 고전인 모비딕(백경)에 등장하는 커피를 사랑하는 첫째 부인의 이름에서 따왔다. 스타벅스는 현재 미국 내 2,100여개의 직영점을 자랑한다. 또한 거의 매일 새로운 매장을 개점하며 명실공히 세계 최고의 커피 전문점으로 자리매김하고 있다.

1980년대초 하워드 슐츠는 커피 구매를 위해 이탈리아 밀란으로 출장을 떠났다. 그 당시 그는 시애틀에 위치한 스타벅스커피에서 커피를 구매하는 역할을 담당하고 있었다. 스타벅스커피는 5개의 커피 전문점을 소유하고 있었는데 당시 매장에서는 카페라떼, 카라멜 마키아토 등의 음료를 판매하는 지금과는 달리 신선한 커피 원두만을 판매하고 있었다. 이탈리아 여행 중 커피숍에서 느꼈던 경험은 그에게 강한 인상을 남기기에 충분했고 미국으로 돌아와 본격적인 카페 사업을 시작하는 밑거름이 되었다. 이탈리아 밀란의 시민들은 하루의 시작을 커피와 함께 하기 위해 커피 바에서 걸음을 멈췄고, 바리스타들은 라떼 마키아또, 에스프레소 콘파냐 등의 낭만적 이름을 가진 커피를 열정을 다해 만들고 있었다. 커피숍들은 커피를 마시려는 손님들로 늘 붐비고 떠들썩했고, 언제나 깊은 커피 향이 가득했다. 왜 이러한 모습을 미국에서는 볼 수 없는지 하워드 슐츠는 의아해했다.

기존의 미국 커피산업

그 당시 미국에서는 거대 커피 제조업체 간 격렬한 가격전쟁이 수년간 지속되고 있었다. 제너럴푸즈의 맥스웰하우스와 P&G의 폴저스는 비슷한 향과 강도를 가진 커피를 판매하고 있었다. 이들이 판매하는 커피는 주로 원두를 볶은 후 갈아서 캔에 넣은 가공된 그라운드 커피였다. 이 두 회사는 서로의 시장점유율을 빼앗기 위해 매우 치열한 경쟁을 벌이고 있었다. 이러한 경쟁을 통해 이 두 회사는 미국 커피시장의 60% 이상을 차지하고 있었다. 맥스웰하우스와 폴저스 이외에도 네슬레의 자회사인 네스카페 또한 가격에 치중하여 경쟁하고 있었다. 별로 비싸지 않은 로부스타 열매로 만든 커피는 깡통에 넣어 판매되고 있었고, 미국시장에서 하나의 가공품으로 분류되었다.

또한 미국인들이 커피를 덜 마시기 시작하여 커피 시장이 축소되면서, 거대 커피 제조 업체들은 자신들의 시장점유율을 유지하기 위해 엄청난 마케팅 경쟁을 펼치고 있었다. 이로 인해 슈퍼마켓에서는 거의 매주 커피 판촉행사가 이어졌다.

1985년 맥스웰하우스는 침체된 커피시장을 되살리기 위해 프라이빗 컬렉션 라벨을 선보였다. 이 가공하지 않은 원두는 큰 플라스틱 통에 담겨 슈퍼마켓의 커피 진열장을 장식하고 있었고, 그 옆엔 고객들에게 이 커피콩을 갈아주기 위한 기계도 설치되어 있었다. 하지만 어마어마한 광고비용에도 불구하고 판매 실적은 형편없었다. 결국 맥스웰하우스의 도전은 실패로 끝났다.

이에 뒤질세라 폴저스는 고메 수프림과 프랜치 로스트라는 최상급 커피를 선보였지만 모두 실패하였다. 커피 회사 경영진은 최상급 커피라는 틈새시장이 존재할거라 믿었지만 이제 그들의 생각이 틀렸다는 것을 알게 되었다. 강하고 풍부한 커피 향을 좋아하는 미국 남부 지방에선 가공하지 않은 커피 원두 판매를 통한 몇몇 성공사례가 있었다. 하지만 로컬 소매점을 통해 판매가 이루어졌기 때문에 시장 자체의 크기는 매우 작았고, 미국 전체 시장점유율의 3~4%만을 차지하였다. 사실 시애틀 등 몇몇 도시에 위치한 소매점을 포함한 전체 커피 전문점(고급 원두 판매점)의 매출 규모는 전국 대비 채 5%도 되지 않았다. 당시 대형 커피 업체 경영진들은 이런 가공하지 않은 커피 원두의 인기는 일시적이고 허황된 꿈일 뿐이라고 결론지었다.

카페사업의 시작

이러한 커피시장의 상황을 대수롭지 않게 생각한 하워드 슐츠는 스타벅스커피의 상사에게 카페를 열게 해달라고 요청했다. 커피 원두만을 판매하고 싶던 상사들은 레스토랑 사업엔 관심이 없었고 따라서 하워드 슐츠의 제안을 거절했다. 그러자 그는 윗사람들을 설득하는 일을 포기하고 직접 투자자를 찾아 나섰다. 하지만 수년간 242명의 투자자들을 만나 사업 아이디어를 제시했지만 무려 217번이나 거절당했다. 끊임없는 노력 끝에 결국 그는 170만 달러를 모을 수 있었고, 1976년 4월 시애틀 시내에 첫번째 카페를 열게 되었다. 이후 하워드 슐츠는 일년도 채 되지 않아 두 개의 카페를 더 열었다. 또한 4백만 달러를 들여 스타벅스의 이름을 인수했고 마침내 1987년 8월 스타벅스란 이름을 공식적으로 카페에 사용할 수 있었다.

기존 업체와의 경쟁

1988년 말 폴저스는 슈퍼마켓 식품매장의 커피판매에서 단연 승자로 부각되고 있었다. 맥스웰하우스는 비록 시장점유율에서 2위였지만 폴저스에 한참 뒤진 26.4%에 만족해야만 했다. 제너럴푸즈는 낮은 점유율을 타개하기 위해 커피 혼합물에 값싸고 맛이 쓴 로부스타 커피 원두의 비율을 더욱 증가시켜 가격을 인하했다.

이러한 노력에도 불구하고 대형 커피제조 업체들은 실패를 거듭하고 있었다. 심지어 커피는 더이상 수익을 낼 수 없는 사업으로까지 여겨졌다. 1988년 제너럴푸즈는 미국 내 커피 사업에서 4천만 달러에 이르는 손실을 입었고, P&G 또한 상황은 비슷했다. 설상가상으로 중년층과 건강에 관심이 많은 베이비 붐 세대의 영향으로 커피의 인기가 사라지기 시작하였다. 1962년 하루에 3.1잔이었던 커피 소비량이 1988년에 와서는 1.67잔으로 줄어든 것만 보더라도 당시 커피 시장의 어려움을 알 수 있다. 이러한 현상은 대형 커피 제조업체들에게는 암울한 소식이었다. 시장이 좋았던 시절에는 커피 판매가 제너럴푸즈에서 세번째로 수익률이 높은 사업이었지만, 이제는 과연 회사가 커피 사업을 유지해야 하는가라는 의구심 마저 들고 있었다. 이러한 이유로 10년 동안 어떠한 신제품도 커피 시장에 출시되지 않았다. 스타벅스가 두 자리수 성장률을 기록하는 동안 미국 내 대형 커피제조업체들은 난항을 거듭하고 있었던 것이다.

스타벅스의 고속 성장에도 불구하고 당시 스타벅스의 판매실적은 미국 내 전체 커피 시장에서 극히 일부에 불과했다. 1988년 스타벅스의 매출액은 1천만 달러로 50억 달러에 달하는 미국 전체 시장규모에 비해 극히 미미한 것이었다. 비록 미국 전체의 커피 시장은 커 보일지라도 대형 커피 제조업체들의 판매 저하는 커피는 이제 한물간 아이템이라는 인식을 심어주기에 충분했다.

반면 고급 원두커피를 공급하는 회사들 사이에서는 흥미로운 현상이 일어났다. 스타벅스를 포함한 이들은 값은 비싸지만 향이 풍부하고 맛이 좋은 아라비카 원두를 사용하였다. 커피 맛이 좋아진 것은 당연한 일이었다.

유통 방법에도 많은 변화가 있었다. 워싱턴주 에버렛에 위치한 밀스톤(Millstone) 커피는 시애틀 내 고급 원두 커피 판매를 확대하고 있었고, 스타벅스는 계속해서 더 많은 카페를 열고 있었다. 1990년 스타벅스의 매출액은 3천만 달러까지 치솟았다. 보이어 브라더스 커피(Boyer Brothers Coffee) 또한 덴버를 기반으로 고속성장을 이뤄냈다. 1975년 설립된 이 회사는 매년 100%의 성장률을 기록하며 1990년에는 22개 주에 위치한 소매점들에서 1천8백만 달러의 매출을 기록하였다.

커피 구매자들은 이러한 시장확대를 환영했다. 비록 기존에 미국 내에서 판매되는 커피가격에 비해 80%에서 100%까지 가격이 올랐지만 그래도 사람들은 이러한 비싼 가격을 주더라도 맛있는 커피를 즐겼다. 1파운드에 6달러나 하지만 한 잔을 즐기기엔 10센트면 충분했기 때문에 계속되는 시장 침체에도 불구하고 새로운 고객층이 유입되었다.

이제는 평범한 사람들도 기업의 CEO, 영화배우, 부유한 사업가 정도가 되어야 살 수 있었던 고급의 커피를 라떼로 즐길 수 있었다. 비록 5천만원 짜리 좋은 자동차는 살 수 없는 형편이지만 한잔에 3천원 정도 하는 커피는 마음 놓고 즐길 수 있었으므로 카페에서의 비싼 커피 가격은 그들에게 감당할 수 있는 사치였다.

반면 대형 커피 제조 업체들은 광고에 어마어마한 돈을 쏟아부었다. 제너럴푸즈 뿐 아니라 또다른 식품회사인 크래프트를 인수한 필립모리스는 맥스웰하우스의 광고 예산을 기존의 4배에 달하는 1억 달러로 책정했다. 곧이어 맥스웰하우스와 폴저스의 경쟁은 할인쿠폰이라는 새로운 국면으로 접어들었다. 이윤이 계속 줄어들자 커피 분말이 들어있는 캔의 사이즈를 16온스에서 13온스로 바꾸며, 만들 수 있는 커피의 양은 동일하다고 강조했다. 하지만 소비자들의 생각은 달랐다.

반면 1990년에 이르러 스타벅스 같은 고급 원두커피를 사용하는 업체들은 7억 달러의 매출을 기록하였고, 53억 달러 커피시장의 약 13.5%를 차지하였다. 1991년에도 고급 커피 업체들의 매출은 계속 늘어 8억 달러까지 치솟았지만, 전체 커피시장은 대형 커피 제조업체들의 쇠퇴로 인해 45억 달러까지 줄어들었다. 고급 원두커피 시장은 전체의 17.7%로 성장하였고 그들의 주가도 30% 정도 늘어났다.

같은 시기 몇몇 도시에서 카페의 수는 기하급수적으로 늘어났다. 150개의 카페가 있는 시애틀은 라떼 왕국이라는 별명까지 얻었다. 1992년 시카고에는 40여개의 카페가 있었고, 벤쿠버에도 비슷한 수의 카페가 있었다.

스타벅스의 바리스타

스타벅스는 시애틀의 명물이 되어갔다. 회사는 경험 많은 경영자들을 펩시와 같은 유명 대기업에서 영입하여 자금과 인적자원 등의 체계적 관리를 맡겼다. 회사는 종업원을 이탈리아어로 바텐더를 뜻하는 바리스타로 불렀다. 신입 바리스타는 25시간 동안 커피 역사, 커피 질, 커피 마시기 위한 준비, 집에서 완벽한 커피 만들기 등을 배웠다. 또한 고객과의 대화 방법도 교육받았다. 스타벅스의 바리스타들은 이탈리아의 바리스타들 처럼 고객들이 주문한 커피를 기다리는 동안 편안함과 낭만을 선사할 수 있게 철저히 준비되었다.

스타벅스에서는 파트타임을 포함한 모든 종업원들이 건강보험과 함께 미국에선 매우 비싼 치과보험의 혜택을 누릴 수 있었다. 1991년 하워드 슐츠는 빈스톡(Bean Stock)을 만들어 정규직과 파트타임 직원들 모두에게 스톡옵션을 제공하였다. 하워드 슐츠는 과거를 회상하며 이러한 질문을 던졌다.

> "만약 당신이 하는 사업의 운명이 대학생 또는 다른 일도 겸하는 스무살의 젊은 파트타임 종업원의 손에 달려 있다면, 당신은 그들을 소모품으로 여기겠습니까?"

스타벅스는 그들만의 새로운 문화와 충성도 높은 고객층을 창조하였다. 스타벅스가 이러한 성공적인 전략을 통해 큰 성공을 누리는 동안 여전히 폴저스와 맥스웰하우스 경영자들은 회의실에서 할인 쿠폰에 대한 열띤 토론을 벌이고 있었다.

밴시티 신용협동조합의 위기

캐나다의 신용협동조합

금융서비스업에는 일반은행, 투자신탁회사, 증권회사, 보험회사, 신용협동조합, 기타 금융중개기관 등이 포함된다. 이 중 신용협동조합은 서비스를 이용하는 조합원들이 소유하고 통제하는 협동조합형 금융기관이다. 이윤은 조합원에 대한 서비스 개선에 사용되고, 경우에 따라서 예금과 대출 이자율에 반영되기도 한다. 조합원들은 이사진 출마 및 선출, 정기 조합원 총회 참석을 통해 조합의 운영에 영향을 미칠 수 있다.

비영리기관인 신용협동조합은 비슷한 곳에 거주하거나 근무하는 지역주민들을 대상으로 한 금융서비스 제공을 목적으로 한다. 신협이 조합원들을 위해 존재하는데 비해 일반은행 등 다른 금융기관들은 주주가치의 극대화를 위해 존재하므로, 신용협동조합은 영리목적의 금융기관과는 다르다. 신용협동조합이 창출한 이윤은 배당, 우대금리 적용, 그 밖의 서비스 제공 등 다양한 방법을 통해 조합원에 배분된다.

1999년 현재 캐나다에는 약 2,500개의 신용협동조합이 있었다. 이들은 각각 특정 지역에서 서비스를 제공하고, 조합원 또는 특정회사의 임직원들만이 이용할 수 있도록 폐쇄적으로 운영되었다. 캐나다의 신용협동조합들은 세계에서 가장 높은 인구당 조합원수를 보유하고 있었는데, 캐나다 인구의 약 1/3에 해당하는 1천만 명 이상이 신협의 조합원이었다.

법규에 따라 캐나다 신협중앙회는 연방정부에 의해 인가되고 규제를 받는다. 하지만 지역 신협들은 주정부의 규제 하에 있으므로, 주정부의 테두리를 벗어난 지역으로 사업을 확장할 수는 없다. 캐나다 내 신협의 가장 큰 경쟁자는 일반은행들이다. 일반은행들은 2000년 기준 금융부문 총 자산의 약 1/3을 소유하고 있었다. 48개 일반 은행은 약 8천 개에 이르는 고도로 발달된 지점망과 12만5천 개 이상의 ATM을 갖추고 캐나다 전역에서 운영되고 있다.

밴시티

밴시티 신용협동조합(Vancouver City Savings Credit Union)은 캐나다 밴쿠버 지역에서 1946년 설립된 캐나다 최대의 신협이다. 2004년 현재 프레이저 밸리와 빅토리아 지역에서 90억 달러의 자산과 삼십만명 이상의 조합원을 보유하고 41개의 점포를 운영 중이다.

최근 밴시티의 성과는 여러 면에서 급격히 향상되었다. 조합원 수에서 경쟁자들이 연간 3% 성장한 반면, 밴시티는 약 5%의 성장을 달성했다. 종업원의 이직은 1999년 16%로 정점에 달했지만, 여전히 다른 신협에 비해서는 낮은 수치이다. 밴시티의 효율성 또한 다른 신협에 비해 높은 것으로 평가되었다. 그동안 꾸준히 지속된 밴시티의 전략에 따른 결과이다.

다른 금융기관들과는 달리 신용협동조합인 밴시티의 주된 관심은 이윤창출이 아니라, 조합원, 종업원, 지역사회에 금융서비스와 관련된 긍정적인 경험을 제공하는 것으로 '이윤보다 사람이 먼저'를 구호로 삼고 있다. 밴시티의 수익은 성공공유 프로그램(Shared Success Program)을 통하여 조합원들에게 분배된다. 밴시티의 핵심역량은 조합원, 종업원, 지역사회에 대한 이 회사의 접근방식에서 창출되고 있다. 이를 통해 밴시티는 경쟁이 치열한 금융서비스 산업에서 경쟁자인 일반은행과 차별화된다.

조합원 서비스

2002년 한 조사기관이 주요 은행과 신용협동조합을 대상으로 실시한 고객 서비스 지수 조사에서 밴시티는 최고 순위에 올랐다. 밴시티는 금융상품에 대한 고객의 변화하는 요구에 대응하기 위해 200개 이상의 금융상품을 바탕으로 효과적이고 유연하게 번들을 구성하는 능력을 개발했다. 이를 통해 교사나 의료업 종사자와 같은 특정 직업 집단에 적합한 번들링 상품을 경쟁력 있는 가격에 제공할 수 있었다. 또한 밴시티는 '해안가 주민 전용대출'과 '지역투자예금(CID: Community Investment Deposit)'과 같은 혁신적인 제품들을 만들어내기도 했다. 해안가 주민 전용대출은 이들이 해안과 연어의 이동을 보호하는데 필요한 자금을 대출해주는 것으로 지역투자예금과 결합한 프로그램이다. 밴시티의 지역투자예금은 이자율이 낮은 정기예금이지만 그 기금은 지역공동체 또는 글로벌 공동체를 개선하는데 사용된다. 밴시티의 마케팅 부서는 데이터마이닝 기술을 적극적으로 활용하여 새로운 번들 상품과 차별화된 혁신적 서비스를 개발하고, 고객에게 보다 나은 정보를 제공하고 있다.

밴시티가 소유한 시티즌은행은 1997년에 설립된 전자금융 전문회사로 인터넷과 전화를 통한 금융서비스를 조합원들에게 제공한다. 1995년 밴시티와 다른 2개의 신협은 캐나다 신협중앙회 자회사인 증권회사의 업무도 개시하였다. 또한 부동산 투자 회사를 인수하여 사회적 책임과 환경적 책임을 수행하는 기업들에게 투자하는 상품을 개발하여 회원들에게 제공했다. 그 밖에 밴시티는 밴시티 지역사회 재단, 밴시티 보험서비스, 밴시티 투자운용, 밴시티 엔터프라이즈, 밴시티 캐피탈 등을 자회사로 거느리고 있다. 밴시티는 이들 자회사를 활용하여 다양한 고객 요구에 부응하는 다양한 금융서비스를 제공하고 있다.

종업원 만족

밴시티에게 성공의 밑거름이 되는 핵심적인 자원은 바로 인적자원이다. 2003년 밴시티는 한 잡지회사가 선정한 캐나다 100대 고용주 중 하나로 이름을 올렸다. 밴시티의 종업원 이직률이 16%로 높았을 때도, 다른 신협들에 비하면 양호한 수준이었다. 종업원 이직률을 개선하기 위해 인적자원관리 부서는 종업원의 동기부여와 조직몰입을 높이기 위한 다양한 프로그램을 개발했다. 예를 들어 다양한 분야에서 임파워먼트를 추진했고, 매일매일의 개별 업적을 인정하기 위한 온라인 시스템(Mount Kudos)을 설계하여 운영했으며, 리코그니션 나이트(Recognition Night)

라는 연례모임을 통해 성과와 가치에 대한 공동체 의식을 고취하려 하였다.

밴시티의 조직은 대개의 금융기관과 마찬가지로 수직적인 편이다. 그러나 조직 내 부서와 직위 사이에 빠른 의사소통이 허용되어 다른 금융기관에 비하면 덜 수직적인 것으로 평가된다. 회사는 빈번하게 피드백과 제안을 요구하고 여러 가지 의사결정 과정에 종업원을 참여시키기 위해 노력한다. 예를 들어 밴시티는 종업원을 대상으로 한 자체적인 조사도구(Employee Engagement)를 개발하여 회사에 대한 그들의 감정을 알아내고 작업환경 개선 아이디어를 얻고자 하였다. 과거 조사에 의하면 종업원들이 조직에 몰입하도록 하는 가장 중요한 요인은 밴시티가 가지고 있는 문화와 가치, 리더십과 기회인 것으로 나타났다. 이러한 노력을 통하여 생성된 정보는 인적자원관리 부서가 프로그램을 기획하고 종업원 선발과 유지를 위한 전략을 수립하는데 도움이 되었다. 또한 상대적으로 수평적인 조직구조는 새로운 아이디어의 빠른 실행을 가능하게 했다.

밴시티 최고경영진은 종업원의 조직몰입, 개인 및 기업 고객의 만족도 향상 등 다양한 이슈를 다루기 위한 기업수준의 팀(Corporate Team)을 구성하였다. 각기 다른 목표를 19개의 팀에 부여하고 각 팀에 임원을 책임자로 배정하여 이슈에 대한 5개년 액션플랜을 수립하도록 하였다. 각 팀에 배정된 임원들은 재량권을 가지고 각 이슈 해결에 핵심적인 구성원들로 자신의 팀을 구성할 수 있었다. 이를 통해 다양한 부서와 계층의 구성원들이 자신의 노하우, 전문지식, 역량, 인맥을 활용하여 밴시티의 목표 달성에 공헌할 수 있는 기회가 주어졌다. 따라서 구성원들의 소속감과 성취감을 북돋을 수 있었다.

인터넷과 전자메일 등 새로운 정보기술은 다양한 정보를 빠르게 교환할 수 있는 수단이 되었다. 종업원들은 더욱 효율적으로 일할 수 있게 되었고, 조합원들에게 보다 양질의 서비스를 제공할 수 있게 되었다. 게다가 최고경영진은 종업원들과 만나 경험과 성공을 공유하고 신상품이나 새로운 프로그램을 개발하기 위해, 모든 지점과 부서를 1년에 2회 이상 방문하였다. 임원진과의 만남을 통해 종업원들은 조직에 대한 일체감을 가지게 되고, 밴시티의 전략적 방향에 대해 명확히 이해하게 되었다.

지역사회 참여

밴시티는 2002년 예년과 같이 순이익의 30%에 해당하는 금액을 지역사회에 기부했다. 또한 '밴쿠버 동부 문화 커뮤니티'라는 단체에 1백만 달러를 지원했다. 다음해인 2003년에는 WISH (Women's Information Safe House)라는 단체가 혜택을 받았다. 지역사회 단체에 대한 이와 같은 지원은 2001년 조합원 투표에서 가결되어 실행되기 시작했다. 또한 밴시티는 청소년 신용협동조합 프로그램을 만들기도 했는데, 지역 학교의 학생들이 교사와 밴시티 직원들의 지도 하에 직접 신용협동조합을 운영해보도록 하는 것으로 저축의 가치를 일깨우는데 목적이 있었다.

밴시티는 공급업자를 선정할 때에도 지역사회를 고려하므로 공급자의 대부분은 지역사회 내에서 사업을 하는 지역 기업들이다. 밴시티는 지역 내 구매를 통해 운송비용을 절약할 뿐 아니라 지역사회와의 관계를 돈독히 할 수 있었다. 또한 밴시티는 공급업자 선정 시 종업원에 대한 처우, 지역사회에 대한 공헌, 환경적 책임 수행을 주요 평가기준으로 삼았다.

이러한 활동에 힘입어 밴시티라는 브랜드의 명성은 중요한 전략적 자산이 되었다. 벤쿠버에 살고 있는 주민이라면 조합원이든 비조합원이든 상관없이 밴시티의 이름과 로고를 알고 있다. 어느새 밴시티는 지역 주민들이 가장 사랑하는 브랜드가 되어 있었다.

산업환경의 변화

2000년대에 접어들면서 금융서비스 산업에서 가장 중요한 환경변화는 전자금융의 출현이다. e마케터의 'e-뱅킹 보고서'에 따르면 북미대륙의 온라인 뱅킹 고객 수는 2000년 300만 명에서 2004년 1,800만 명 이상으로 급격히 증가하고 있다. 또다른 보고서에 따르면 2000년 7월과 2001년 7월 사이에 모든 은행의 트래픽은 77.6% 증가했다. 이는 동기간 전체 웹트래픽 증가가 19.8%에 그친 것을 고려하면 이례적인 것이었다.

정보기술의 변화는 사람들이 금융상품 정보를 획득하는 방법 또한 변화시켰다. 점차 많은 사람들이 퀴큰(Quicken)과 같은 금융서비스 매개업체가 제공하는 프로그램을 통해 뱅킹을 시도하고 있다. 이제 사람들은 가장 유리한 조건의 은행을 실시간으로 검색하여 주택 대출, 차량 대출, 보험 가입을 각각 따로 진행할 수 있다. 살로몬 브라더스 투자은행은 이러한 추세가 금융기관과 소비자의 관계를 없애버리지는 않겠지만 약화시킬 것은 확실하다고 진단했다. 또한 소매 금융기관의 브랜드 가치는 하락할 것이고 이윤의 상당 부분이 사라지게 될 것으로 예측했다. 이러한 시나리오 하에서 고객들은 특정 금융기관 보다 특정 웹사이트에 훨씬 더 강력한 충성도를 보이게 될 것이다.

사람들이 온라인으로 다양한 금융기관들의 상품 정보를 쉽게 찾아보고 비교할 수 있게 됨에 따라 가격경쟁력의 중요성은 매우 높아졌다. 따라서 금융기관들의 이윤이 감소할 수 밖에 없는 상황이 되자 금융기관들은 이에 대응하기 위해 최대한 빠르게 프라이빗 뱅킹과 기업금융 부문과 같은 고부가가치 시장으로 이동하여 고객과의 고부가가치 관계 창출에 집중했다. 가격경쟁력이 아닌 서비스를 통한 차별화는 2010에 이르기까지 전반적으로 금융서비스업의 주요 특성으로 예상되었다.

밴시티의 고민

밴시티의 전통적 접근방식은 고객에게 높은 서비스를 제공하는 것이었다. 조합원 서비스, 종업원 만족, 지역사회 참여는 이를 가능하게 했다. 그러나 기술과 사회의 변화는 서비스에 대한 고객의 니즈를 변화시키기 시작했다. 전통적으로 서비스는 지점의 접근성과 개별 고객에 대한 텔러의 관심이라고 생각되었다. 그러나 이제는 ATM, 인터넷을 통한 편의성을 포함하는 것이 되었다.

불행하게도 일반은행들은 ATM과 온라인 서비스에서 지역의 신협들보다 유리한 위치를 점하고 있다. 왜냐하면 이러한 서비스가 컴퓨터 인프라와 전문화된 인력에 대한 막대한 초기 투자를 필요로 하기 때문이다. 지역을 기반으로 하는 신협들은 규모가 작아서 기술과 장비운용에 투자할 수 있는 자원이 적기 때문에 어쩔 수 없이 열위에 처하게 되었다. 또한 대형 은행들은 거대한 고객기반을 가지고 있기 때문에 이러한 고정비적인 투자비용을 많은 고객에게 배분할 수 있지만 신협들은 이 비용을 적은 수의 고객에게 전가하는 수 밖에 없었다.

이러한 문제를 해결하기 위해 신협들은 정보기술 관련 비용을 절감하기 위해 다양한 솔루션을 다른 기관들과 공유하기 시작했다. 예를 들어 밴시티는 기술 기반 서비스에 관한 전문적 지식을 공유하고 원가를 절감하기 위해 한 동안 인근의 써리 메트로(Surrey Metro) 신협과 솔루션을 공유했다. 또한 밴시티는 계열사인 시티즌은행과 공동으로 콜센터를 운용하여 원가를 절감하고 있다. 신협들은 조합원들의 편의를 위해 ATM 네트워크를 공유하여 수수료 없이 다른 신협의 ATM에서 입출금이 가능하도록 했다. 이에 비해 주요 은행들은 자신의 고객을 제외한 모든 이용자에게 수수료를 부과하고 있다.

성장은 문제의 또다른 해법일 수 있다. 하지만 불행하게도 신협들은 성장에 대한 가능성이 제한적이다. 왜냐하면 허가된 지역 밖으로 확장하는 것이 허용되지 않기 때문이다. 게다가 공격적인 성장의 추구는 자칫하면 고객 편의성에 대한 명확한 개선도 없이 그들의 일차적 주안점인 인적 서비스를 약화시킬 수 있었다. 반면 신협들의 딜레마와는 반대로, 일반은행들은 고객관계 관리를 통해 고객에게 더많은 제품을 제공하고, 서비스를 개선함으로써 신협들과 유사해지고 있다. 은행들은 기본적이고 비차별적인 서비스의 제공에서, 고객 맞춤형 서비스의 제공, 지역사회에서의 존경, 지역사회와 가치의 공유 등을 끊임없이 추진하고 있다.

전략적 선택

월마트의 경쟁전략

크라이슬러와 협력업체

월트디즈니의 사업다각화

월마트의 경쟁전략

미국의 할인점 산업

1993년 포브스 지에서 발표한 미국의 부호 명단에서 월마트의 창업자인 샘 월튼의 자손들은 각각 45억 달러를 기록하면서 5위부터 9위에 올랐다. 1992년 4월 세상을 떠난 샘 월튼은 월마트의 경이적인 성공을 이끌었는데, 20여년간 평균 자본이익률은 33%, 누적 평균 매출성장률은 35%에 달했다. 1993년 현재 월마트의 시장가치는 575억 달러이며 평방피트당 매출액은 산업 평균인 210달러보다 훨씬 큰 300달러이다. 월마트는 명실공히 소매업 자체를 변혁시킨 주역이며, 동시에 정보기술에 엄청난 투자를 하는 것으로 유명하다.

미국 내 할인점(discount store)은 주로 식료품을 싸게 팔던 슈퍼마켓(grocery)의 뒤를 이어 1950년대에 등장했다. 할인점은 저렴하게 상품을 공급하는 슈퍼마켓의 영업방식을 전품목으로 확대하여 기존의 백화점보다 10~15% 더 저렴한 가격에 제품을 판매했다. 할인점들은 그 차액을 메우기 위하여 갖은 방법을 동원하였는데, 고급스러움을 없애버린 내부 인테리어, 재고의 감축, 배송과 같은 부가서비스의 축소 등이 여기에 해당되었다.

상품을 더 저렴하게 구입하고자 하는 고객들의 요구와도 적절하게 맞아떨어짐으로써 할인점 산업은 급격한 성장을 이루게 되었으며, 수많은 경쟁업체들이 지역별, 권역별 또는 전국규모 시장에 진출하였다. 산업 총 매출액은 연 평균 25%씩 성장하여 1960년 20억 달러에서 1970년 190억 달러로 늘어났다. 1970년대에도 연평균 9%씩 매출이 성장하고 신규 매장은 5%씩 늘어났다. 1980년대에 연평균 7%의 매출성장, 1%의 신규 매장 증가를 보였다. 1990년대에도 11.2%의 매출과 2%의 신규점포가 매년 증가하였다. 신규 매장수의 증가가 둔화된 것은 기업들이 신규 개설보다는 기존 점포의 리모델링에 더욱 신경을 쓰기 시작했기 때문이다. 1993년 현재 할인점 산업 매출은 1,240억 달러이며 향후 5년간 약 5%씩 성장할 것으로 증권분석가들은 예측하였다.

성장의 역사

1945년 샘 월튼이 첫 번째 벤 프랭클린을 개점한 이후로 '가치의 제공'은 월마트 문화의 가장 중요한 부분이었다. 1950년대에 월튼이 소유한 벤 프랭클린은 15개 매장으로 늘어났으나, 소규모 시골마을에 매장을 열자는 아이디어가 내부에서 거부되자 1962년 샘 월튼은 동생과 함께 월마트 할인점을 설립했다. 샘 월튼은 월마트와 벤 프랭클린을 동시에 운영하다가 1976년까지 점차 벤 프랭클린을 정리해 갔다. 월마트는 1969년에 법인화되었는데, 당시 18개의 월마트 매장과 15개의 벤 프랭클린 매장이 있었다.

1970년까지 샘 월튼은 아칸소, 미주리, 오클라호마 등지의 시골 지역에 30개의 할인점을 늘려나갔으며, 이런 성장의 이면에는 할인점 매출의 3/4을 차지하는 매출원가가 늘 문제시되었다. 샘 월튼은 이를 잘 알고 있었다. "우리 매장들이 외진 시골에 있었기 때문에 공급업자들은 대도시에 있는 경쟁자들에게 하듯이 기를 쓰고 우리를 위해 일해주지 않았습니다. 유일한 대안은 자체 창고를 지은 다음, 상품을 대량으로 싸게 구매해서 저장하는 것이었죠." 창고를 하나 신축하는 데 5백만 달러 이상이 소요되었는데 샘 월튼은 1972년 주식을 일반에 공개하여 자금을 모았다.

월마트를 성장시키기 위해 샘 월튼이 세운 계획의 핵심은 두 가지였다. 첫째는 시골의 소규모 마을, 통상 5,000명에서 25,000명 정도의 인구를 가진 마을에 매장을 개점하는 것이다. 샘 월튼은 다음과 같이 설명했다. "우리의 핵심전략은 모두가 무시하는 초라하고 작은 시골마을에 적당한 크기의 점포를 여는 겁니다." 샘 월튼은 작은 마을에서 할인점이 성공할 것이란 확신이 있었다. "네 시간 운전해서 가야 하는 도심의 할인점들보다 가격이 더 싸다면 사람들은 멀리 가지 않고 동네에서 쇼핑할 겁니다." 계획의 두 번째 핵심은 확장의 패턴이었다. CEO인 데이빗 글래스는 다음과 같이 말했다. "우리는 항상 내부역량을 키워 밖으로 나아갑니다. 절대 무리하게 저질러 놓고 뒤처리하느라 고생하지 않죠."

1980년대 중반까지 월마트 매장의 1/3이 경쟁자가 전혀 없는 지역에 자리를 잡았지만, 지리적 확장으로 인해 필연적으로 타 소매점과의 경쟁이 증가할 수 밖에 없었다. 1993년을 기준으로 보면, 월마트 매장의 55%가 K마트와 직접 경쟁하고 있었고 23%

가 타겟과 경쟁하고 있었다. 한편 K마트 매장의 82%, 타겟의 85%가 월마트 매장과 직접 경쟁하고 있었다. 월마트는 미국 서해안과 북동부 지역까지 영역을 확대하여 총 47개 주에 매장를 보유하고 있었으며, 버몬트, 하와이, 알래스카에도 할인점을 신규 개장할 계획이었다.

창업자 샘 월튼

샘 월튼이 오랜 암 투병 끝에 1992년 74세를 일기로 세상을 떠났을 때, 그의 장례식은 회사의 위성시스템을 통해 전 매장에 중계되었다. 그는 사업에 모든 것을 쏟아 붓는 철학을 갖고 있었는데, 돈의 가치를 확고히 믿었고, 다른 누구보다 더 낮은 가격을 유지해야 한다는 생각에 사로잡혀 있었다. 상품 구매를 위한 출장 길에서도 구매액의 1%를 넘는 비용을 쓰지 말아야 한다는 것이 제 1원칙이었으며, 이를 지키기 위해 비즈니스호텔을 예약했고 호텔방을 다른 일행과 함께 썼으며 택시비를 아끼려 걸어 다녔다.

월마트에서는 종업원들을 동료(associate)로 부르는데, 샘 월튼에게 있어서 월마트 성공의 가장 중요한 요소는 이들을 대하는 태도였다. 샘 월튼은 종업원들이 고객에게 좋은 서비스를 제공하기를 바란다면 먼저 종업원들을 그렇게 대해야 한다고 믿었다. 월마트가 성공가도를 달리기 시작하면서 샘 월튼을 괴롭힌 내부 분위기가 있었는데, 그는 이렇게 말했다. “우리 내부에 수많은 백만장자들이 생겨나게 되었습니다. 그런데 이들이 부를 과시하기 시작하자 나는 정말 화가 났습니다. 누군가가 자신의 부를 과시한다 싶으면, 나는 토요일 회의 때 그 점에 대해 주저

없이 꾸짖었죠. 나는 큰 집과 고급 차가 월마트 문화의 존재 이유라고 생각하지 않습니다. 우리의 존재 이유는 바로 고객에게 봉사하는 것이죠."

경영자들에게 샘 월튼은 늘 다음과 같이 강조했다. "사람들이 책임감을 느낄 수 있게 해야 합니다. 그들을 믿고, 그리고 나서 확인해 보세요." 월마트 내에서 동료들과의 파트너십은 숫자를 공유하는 것을 의미했다. 샘 월튼은 열린 경영을 했고 회사의 경영실적을 동료들에게 투명하게 공개했다. 월마트는 동료들에게 권한을 부여하고, 동료, 고객, 납품업체들 사이의 신뢰형성을 통해 경쟁력을 유지하는 것을 목표로 삼았다.

구매

월마트는 매우 합리적인 협상자로 알려져 있다. 공급업체가 아칸소 주 벤턴빌의 월마트 본사를 방문하게 되면, 테이블과 4개의 의자가 구비된 40여 개의 접견실 중 하나로 안내된다. 월마트는 1992년부터 공급업체를 대표하는 협상대리인을 없애버림으로써 3~4% 정도의 구매비용을 절감하였다. 월마트는 공급업체를 본사로 불러들여 구매절차를 집중화하는 관행을 확립하였으며, 1993년부터 어느 공급업체로부터도 전체 구매액의 2.4%를 초과하여 구매하지 않는다. 또한 월마트의 공급업체가 되기 위해서는 주당 60시간 이상의 근무를 제한하고 산업안전요건을 충족시켜야 하며 미성년자를 고용해서도 않된다.

입고물류

월마트의 2단계(hub-and-spoke) 물류망은 물류센터로 상품을 실어오는 월마트 트럭에서 시작된다. 물류센터에서는 각 매장으로 배송하기 위한 분류가 이루어지며 통상 매장으로부터의 주문 이후 48시간 이내에 모든 작업이 마무리된다. 물류센터에 상품을 다시 채우는 과정은 판매시점부터 시작되며 판매시점 정보가 위성시스템을 통해 월마트 본사나 공급자의 물류센터에 전송된다. 월마트 매장의 구매량 중 약 80%가 자체 27개 물류센터에서 공급되는데 이는 K마트의 50%와 비교된다. 나머지는 공급업체에서 바로 배송이 되는데, 이 업체들은 월마트를 대신해 재고를 보유한다. 제품이 이들의 창고를 떠나게 되면 바로 월마트에 대금이 청구된다.

크로스도킹(cross-docking)이라는 방식은 상품을 입고하는 차량으로부터 출고하는 차량으로 바로 넘기는 것을 말한다. 이를 통해 상품이 저장될 필요없이 물류센터로 들어오고 재분류되어 다시 각 매장으로 나가는 절차가 가능해진다. 1994년 초까지 월마트 상품의 약 10%가 필요한 시설을 갖춘 4개의 물류센터에서 크로스도킹 방식으로 처리되었다. 1993년 기준으로 월마트의 입고물류비용은 할인점 매출액의 3.7%로, 경쟁사들의 4.8%보다 낮은 수준이라고 증권분석가들은 추정하였다.

매장운영과 기술활용

월마트는 매장의 70%를 리스로 임차하고 나머지는 직접 소유하였다. 1993년 월마트의 임차비용은 매출액의 3% 정도였는데

이는 경쟁업체들의 3.3% 보다 낮았다. 평균적인 월마트 매장의 면적은 8만 평방피트 규모이고, 최근에는 10만 평방피트로 늘어나고 있으며, 한 곳을 개점하는데 120일 가량이 소요되었다. 건축비용은 평방피트당 20달러 선이다. 1980년대 이후로 증축이 불가능한 입지에는 신규 매장을 개점하지 않고 있다. 1990년을 기준으로 전체 매장 중 45%가 개점한지 3년 이내이며, 단 15%만이 8년 이상 된 매장들이다. K마트는 3년 이내의 매장이 10%, 8년 이상 된 매장이 85%에 이르렀다. 평방피트당 판매액은 300달러로 타겟의 209달러, K마트의 147달러보다 크게 앞서고 있다. 월마트 매장은 산업 평균인 25%보다 훨씬 적은 10%의 면적을 재고보유에 할당하고 있다. 한편 관리비용은 1993년 기준으로 할인점 매출액의 18.1%를 차지하는데, 이는 산업평균인 24.6%보다 상당히 낮은 비율이었다.

1983년부터 월마트 매장에 설치되기 시작한 전자인식 바코드(POS)는 1988년 거의 모든 월마트 매장에 설치되었는데, 경쟁자인 K마트는 이보다 2년 후에나 이 시스템을 도입했다. 직원들은 계산을 위해 바코드 판독기를 사용했는데, 무선주파수 기술을 활용한 이 판독기는 정확한 가격책정과 효율성 향상을 위해 매장 내의 컴퓨터 재고관리 시스템과 연동되어 있었다. 많은 매장에서 상품에 가격표를 붙이기보다는 선반에 가격을 표시하는 방법을 활용했다.

전자인식시스템을 활용하게 되고 매장-물류센터-본사 간 통신의 필요성이 늘어나자 1983년에는 위성시스템이 설치되었다. 위성시스템으로 인해 판매 데이터를 매일 모아 분석하는 것이 가능해졌다. 매장 관리자들은 어떤 상품의 판매가 줄어들고, 따라서 재고를 줄이기 위해 할인행사가 필요한지를 신속하게 알 수 있었다. 이 시스템은 이후에 영상전송, 신용카드 승인, 재고 관리를 위해서도 활용되었다. 개별 매장에서는 매장 및 부문별 매출, 시간당 매출, 재고 비용 등과 같은 일일 데이터를 다른 기간, 다른 지역, 전국 평균 등과 비교해 볼 수 있었다. 1987년부터 1993년에 이르는 기간 동안, 월마트는 위성통신 네트워크와 컴퓨터, 관련 장치를 갖추는데 7억 달러 이상을 쏟아 부었다. 위성 시스템을 통해 가능해진 환불추적 시스템은 한 매장에서 도난 당한 상품에 대해 다른 매장에서 환불 요청이 있을 때 이를 감지함으로써 상품의 도난을 줄이는데도 기여하였다.

마케팅

월마트의 상품은 많은 경우 개별 시장과 매장에 맞춤으로 구성되었다. 정보시스템은 수천 개 매장 내 개별 상품의 이동을 분석하여 시장특성을 파악해 내는데 활용되었다. 지역 매장 관리자는 재고와 판매 데이터를 이용하여 어떤 상품을 고객 선호에 맞게 진열할지를 결정하고, 고객 요구에 따라 상품 카테고리별로 선반을 할당하였다.

월마트는 매장 관리자들에게 가격설정에 대한 재량권을 주었다. 이는 획일적으로 가격을 설정하는 경쟁 체인점들과는 큰 차이가 있었다. 매장 관리자들은 판매량을 극대화하고 재고회전율을 높이며, 비용을 최소화하기 위해 지역 상황에 맞게 상품의 가격을 결정하였다. 1980년대 중반의 한 연구에 의하면, 월마트와 K마트의 매장이 바로 옆에서 경쟁하고 있을 때, 월마트의 가격이 평균 1% 정도 저렴했다. 월마트가 K마트와 4~6마일 정도

떨어져있을 때, 평균 가격은 10.4% 저렴했다. 주변에 직접적으로 경쟁하는 K마트나 타겟같은 대형 할인점이 없는 월마트 매장의 경우, K마트 바로 옆에서 경쟁하는 매장보다 가격이 6% 정도 높았다.

월마트는 광고를 거의 하지 않았다. 경쟁자들이 고객을 끌어들이기 위해 연간 50~100회의 광고를 하는 반면, 월마트는 13회 정도였다. 1993년 월마트의 광고비용은 매출액의 1.5%로 이는 경쟁자들의 2.1%보다 적었다. 또한 월마트는 '만족보장제'를 시행했는데, 월마트에서 구입한 상품들은 어떠한 확인도 없이 월마트의 아무 매장에서나 환불이 가능했다.

인적자원관리

월마트는 미국 내 일하기 좋은 100대 직장 중의 하나로 선정되었다. 월마트에서는 약 53만 명의 종업원들이 정규직과 비정규직으로 일하고 있으며, 이는 연방정부와 GM 다음으로 많은 인원이다. 노동조합은 없으며, 종업원의 30% 가량이 비정규직이다. 월마트의 기업문화에서 동료들의 역할은 상당히 중요하다. 회사는 경쟁업체에 비해 훨씬 많은 책임을 이들에게 부여하였고, 이들이 창출한 성과에 대해 더 크게 인정해주었다. 또한 개별 매장의 매출, 이익, 재고회전, 가격인하 등의 정보가 이들과 공유되었다. 데이빗 글래스는 다음과 같이 말했다. "월마트에는 슈퍼스타가 없습니다. 우리는 평균적인 사람들이 평균 이상의 성과를 내는 회사입니다."

월마트는 다양한 인센티브 프로그램을 운용하고 있다. 예를 들어 'Yes We Can Sam' 프로그램은 동료들이 업무를 단순화하고, 개선하며, 업무량을 줄일 수 있는 새로운 방법을 제안하도록 하는 것이다. 1993년 650여개 제안이 실제로 실행되었고, 그 결과 8,500만 달러의 비용이 절감된 것으로 추정되었다. 1986년부터는 매장내 매장 프로그램을 시행하여 동료들이 자신이 맡은 부문의 매출을 책임지도록 하였다. 이 프로그램을 통해 대부분의 매장 내 부문별 매출액이 백만 달러를 넘어서게 되었다. 마지막으로 도난 방지 인센티브 프로그램은 각 매장에서 회사 목표 수준보다 낮은 도난률을 달성할 경우 동료들에게 보너스를 지급하는 제도이다. 1993년 월마트의 도난으로 인한 손실은 매출액의 1.7%였으며, 타 경쟁사들의 평균은 2%였다.

월마트의 교육훈련은 분권화되어 있다. 교육은 본사가 아닌 물류센터에서 이루어지며, 이를 통해 매장 관리자들은 회사의 물류시스템을 접해보게 된다. 그리고 매장을 개장하기 전에 새로운 동료들은 타 매장에서 파견된 10~12명의 실무자급 관리자들로부터 교육을 받는다.

경영방식

최고경영자인 데이빗 글래스는 창업자 샘 월튼과 마찬가지로 절약을 특히 강조하였다. 그는 출장시 중소형차를 렌트하여 타고 다니며 다른 일행과 호텔방을 함께 쓴다. 본사에서도 다른 사람들과 마찬가지로 동전을 넣고 커피를 뽑아 마신다. 그렇다고 그가 가난한 것은 아니다. 그의 월마트 주식 150만 주는 1992년 기준으로 8,200만 달러 가치를 지닌다.

데이빗 글래스는 일주일 중 2~3일을 매장 방문에 쓴다. 모든 매장을 일년에 한번씩 방문하는 것은 불가능하기 때문에 전국에 걸쳐 있는 종업원들과 대화하는 데는 위성시스템을 활용한다. 15명의 권역별 부사장들 또한 매장을 방문하는데 1년에 약 200일을 사용한다. 이들은 각각 11~15명의 지역별 관리자들을 통제하며, 이 관리자들 역시 각각 8~12개의 매장을 담당한다. 매장 방문은 월요일 오전 일찍 시작되는데, 권역별 부사장, 구매 담당자 및 50~60명의 본사 관리자들이 15대의 회사 비행기에 나뉘어 탄다. 이들은 수요일이나 목요일까지 최소한 하나 이상의 출장 성과를 가지고 본사로 돌아온다. 월마트는 권역별 본사를 운영하지 않음으로써 매년 매출액의 2% 가량을 절약하고 있다고 평가된다.

크라이슬러와 협력업체

경쟁자 벤치마킹

일본기업들과는 달리 미국 자동차 기업들은 전통적으로 외부 공급자와의 계약보다는 수직적 통합을 선호해왔다. 그러나 1980년대 일본기업들이 미국시장에 본격적으로 진출하여 이들을 위협하자, 미국기업들은 많은 부분에서 수직적 통합을 포기하고 외부 공급자와의 계약으로 선회하게 되었다.

1925년에 설립된 크라이슬러는 포드, GM과 함께 미국 자동차 산업의 '빅3'로 불려왔다. 다른 기업들과 마찬가지로 크라이슬러도 공급업체 선정에서 경쟁입찰제도를 주로 활용해왔다. 즉 가장 낮은 가격을 제시하는 공급자를 선택했고 공급자의 과거 성과와 품질은 별로 중요시하지 않았다. 계약은 2년마다 다시 체결되었고, 특정 공급자와의 계약 연장에 대해 어떠한 보장도 하지 않았다. 이러한 관행은 공급자와 크라이슬러 간 상호 불신과 의심을 낳았고, 공급자들은 장기적인 투자를 기피하게 되었다.

크라이슬러와 공급자의 관계 변화는 1980년대 크라이슬러가 일본의 혼다를 벤치마킹하면서 시작되었다. 크라이슬러는 경쟁력 향상을 위해 혼다의 신제품 개발과 생산에 대해 심도있는 벤치마킹 연구를 수행하였다. 당시 혼다는 일본의 경쟁자인 도요타나 닛산보다 훨씬 빠른 속도로 미국시장을 잠식해나가고 있었다. 크라이슬러가 특히 집중해서 분석한 부분이 혼다의 공급자 관계였다.

혼다의 신제품 개발팀은 신차 개발의 전과정을 책임졌는데, 팀의 구성원들은 생산, 마케팅 등 주요 부서에서 차출되었다. 그런데 이 신제품 개발팀에는 특정 부품 또는 시스템을 책임지는 공급업체의 엔지니어들도 포함되어 있었다. 그러나 당시 크라이슬러는 이러한 팀 구성이 흥미롭기는 하지만 일본이기 때문에 가능한 것이라고 믿었다. 전통적으로 크라이슬러는 신제품 개발에 공급자를 포함시키지 않고, 자사의 엔지니어들이 직접 부품을 설계하여, 공급자들로 하여금 그 설계에 따라 생산만 하도록 해왔다.

변화의 계기

크라이슬러는 1987년 지프를 생산하는 AMC(American Motors Corporation)를 인수하면서 이러한 관계가 일본에서만 가능한 것이 아님을 깨닫게 되었다. AMC가 이미 혼다와 유사한 공급자 관계와 신제품 개발 프로세스를 실행하고 있었던 것이다. AMC는 대형 자동차 제조 업체들처럼 자동차의 모든 부품을 스스로 설계할 수 있는 자원과 역량을 가지고 있지 못했다. 또한 대기업처럼 강력한 협상력을 가지고 있지도 못해서 공급가격을 낮게 통제할 수도 없었다. 따라서 AMC는 공급자에게 많은 부품의 설계와 개발을 의지할 수 밖에 없었다. 그 결과, AMC는 1천 명의 엔지니어만을 보유하고 있었지만 1980년에서 1987년 사이 무려 3개의 신차 모델을 개발했고 네 번째 모델을 개발 중이었다. 반면 크라이슬러는 엔지니어의 수가 무려 다섯 배 넘게 많은 5천5백 명이었지만, 같은 기간 개발한 신차의 수는 AMC와 같은 4개에 불과했다.

새로운 관계

크라이슬러 경영진에게 AMC의 인수는 혼다와 공급자간의 관계가 미국기업에도 적용이 가능하다는 것과 그들의 신제품 개발 과정을 개선해야 함을 느끼게 하는 계기가 되었다. 이에 따라 크라이슬러는 1989년 새로운 플랫폼과 제품 개발을 위한 LH 프로그램부터 신제품 개발과 공급자 관계에 관한 새로운 접근을 시도하게 되었다. 크라이슬러 내부에서는 이 프로그램을 '마지막 희망(Last Hope)'으로 불렀다.

크라이슬러는 1990년대 초반 이후 공급자의 수를 기존 2,500여 개에서 1,140개로 줄인 후, 이들과의 장기적이고 안정적인 관계 구축을 추구했다. 이러한 접근법의 목적은 공급자들이 크라이슬러의 신제품 개발과 생산공정 개선에 기여하도록 하는 것이었다. 공급자들이 크라이슬러에 협력하고, 적극적으로 크라이슬러의 니즈에 맞는 투자를 하도록 하기 위해, 적대적 관계를 불러일으킨 과거의 접근법을 없애나갔다. 평균적인 공급자와의 계약기간은 과거 2년에서 4.5년을 넘게 되었다. 뿐만 아니라, 크라이슬러는 90%의 공급자들에게 현재의 모델이 단종될 때까지는 계약은 지속될 것이라고 구두 약속을 해주었다. 또한 크라이슬러는 공급자에 의해 제안된 공정개선으로부터의 이익을 그들과 공평하게 나누었다. 그러한 공급자에 대한 관심의 배후에는 공동운명체 의식을 만듦으로써 상호 협력을 통해 모두의 파이를 키운다는 사고가 있었다. 즉 크라이슬러와 공급자의 이해를 일치시키는 것이다.

(1) 신제품 개발

크라이슬러는 신제품 개발의 초기 단계부터 공급자를 참여시키고 디자인과 생산에 대해 책임을 부여함으로써 신제품 개발 기간을 획기적으로 단축시킬 수 있었고 신제품 개발 비용도 크게 줄일 수 있었다. 미국 크라이슬러의 신제품 개발기간은 1980년대 중반 234주였으나, 현재는 160주에 불과하다. 모델에 따라 신차 개발 비용은 20%에서 40%까지 절감되었다. 보통 자동차 산업에서 신차 개발 비용이 10억 달러에서 20억 달러 정도임을 감안하면 이는 매우 큰 재무적 절감이었다. 이 절감은 주로 공급자의 제안에 의한 엔지니어링 개선과 디자인 프로세스에서 회사와 공급자간 조정활동이 개선됨으로써 발생했다. 크라이슬러의 엔지니어들과 함께 신제품 개발팀에 참여하는 공급자의 엔지니어들은 1989년 30명에서 1996년 300명으로 크게 늘어났다.

프리소싱과 목표가격 설정도 활용되었다. 프리소싱(presourcing)이란 컨셉카의 단계부터 공급자를 선정하고, 그들에게 특정 부품이나 시스템의 설계에 대해 책임을 부여하는 것이다. 대부분의 공급자들은 설계에 책임질 뿐 아니라 상용화 이후 부품 공급까지 책임지게 되었다. 그러나 이러한 관행은 부품이 설계되기도 이전에 공급자가 결정되므로 부품의 공정한 공급가격을 결정하는데 어려움을 낳았다. 과거 경쟁입찰방식에서는 시장의 상황에 따라 공급가격이 결정되므로 그리 어려운 것이 아니었다. 이를 극복하기 위해 크라이슬러는 일본기업들이 주로 사용하는 목표가격 설정 방식(target costing)을 도입하였다. 이 방식에 따르면 가장 먼저 최종제품의 가격을 예측한 후, 각 시스템 또는 부품마다 허용 가능한 가격의 범위를 역산하는 것이다. 이를 바탕으로 공급자와의 협상을 통해 부품의 가격이 결정되었다.

(2) 공급자 제안프로그램

크라이슬러의 관심은 신제품 개발 과정의 개선뿐 아니라 어떻게 공급자들이 가치사슬 전반의 지속적인 개선에 참여하도록 동기부여 하는가에 집중되었다. 파트너십은 모든 당사자들이 파이를 키우기 위해 노력할 때 가능한 것이므로, 공급자로부터 최대한의 노력과 자원을 끌어내는 것은 핵심적인 일이었다. 이는 상호신뢰의 형성과 원활한 의사소통이 있을 때 가능한데,

이를 위해 1990년 내부적으로 스코어(SCORE: Supplier Cost Reduction Effort)라고 불리는 프로그램을 실시하게 되었다. 이 때는 미국 자동차 산업이 위기에 직면하여, 경쟁자인 GM의 호세 로페즈가 공급자들에게 최고 50%에 이르는 공급가격의 즉시 인하를 일방적으로 요구하고 있던 시기였다.

스코어의 기본적인 목적은 공급자와 크라이슬러가 공급자의 이익을 침해하지 않으면서 시스템 전체의 비용을 줄이는 것이었다. 그 시작은 1989년 크라이슬러의 밥 루츠 회장과 25명의 공

급자 대표들의 모임이었다. 밥 루츠는 자동차 산업 전체가 어려운 상황에서 어떻게 크라이슬러와 공급자 모두가 비용을 줄일 수 있을지에 대한 제안을 부탁했다. 메시지는 '내가 원하는 것은 당신들의 두뇌입니다. 당신들의 마진이 아닙니다'로 요약될 수 있었다.

그 후 밥 루츠는 임원진과 함께 공급업체를 방문하기 시작했고, 이례적인 방문에 공급업자들은 감동하게 되었다. 공급자들과의 대화를 통해 크라이슬러가 그 동안 공급자들로부터의 제안을 대부분 무시해왔다는 것을 알 수 있었다. 예를 들어 공급자가 부품의 소재를 바꾸면 많은 원가를 절감할 수 있다고 제안했지만 번번이 무시되었다. 부품의 소재를 바꾸게 되면 테스트를 실시해야 하고 다른 부품이나 생산 프로세스의 변화가 필요하다. 대부분의 경우 엔지니어들은 자신의 일이 많아지기 때문에, 또는 위험을 감수하기 싫어서 제안을 검토조차 하기 싫어했다.

이와 같은 공급자와의 대화를 통해 스코어가 탄생하게 되었다. 스코어는 공급자로부터의 아이디어 제안을 장려하고, 제안을 충분히 검토하여 빠르게 실행한 후, 발생한 이익을 공유하는 공식적인 프로그램이었다. 크라이슬러의 경영진은 제안된 아이디어를 무조건 거부하거나, 빠르게 피드백하지 않으면 프로그램이 성공할 수 없다는 것을 잘 알고 있었다. 따라서 관리자들에게는 제안을 신중하게 검토하여 빠르게 대응해야 하는 책임이 주어졌고, 임원진은 이를 정기적으로 평가했다. 그 결과, 제안이 실제로 채택될 수 있다는 믿음이 도입 초기부터 공급자들 사이에 퍼지게 되었고 아이디어 제안 건수는 점점 늘어나게 되었다.

크라이슬러는 제안으로부터의 이익을 공급자와 공정하게 공유했다. 크라이슬러는 공급자가 절반 이상의 이윤을 차지할 것으로 의심되는 경우에도 그에 대해 협상하지 않았다. 왜냐하면 공급자를 모니터링할 여력이 없었을 뿐 아니라 서로의 신뢰를 강화하고 싶었기 때문이다. 그러자 더욱더 많은 제안들이 들어오기 시작했다. 예를 들어 한 공급자는 한 부품의 소재를 마그네슘에서 플라스틱으로 바꿀 것을 제안했고, 이는 매년 10만 달러 이상의 원가절감을 가능하게 했다.

이윤의 공유뿐 아니라, 공급자들은 그들의 제안이 실제로 크라이슬러의 변화를 가져온다는 것에 대해 감동을 받았다. 전통적인 관행 하에서 공급자는 아이디어를 제안할 기회조차 없었다. 그들은 단지 맡은 과업을 수행하고 그 댓가로 대금을 받는 것이 전부였다. 과업과 관련된 세부사항은 대부분 계약서에 상세히 적혀있었다.

스코어 프로그램은 크게 성공했다. 처음 2년간 공급자들은 스코어를 통해 875개의 새로운 아이디어를 제안했고, 이로써 크라이슬러는 매년 1억7천만 달러의 비용을 절감할 수 있게 되었다. 1994년에는 공급자들이 3,786개의 새로운 아이디어를 제안했고, 5억4천만 달러의 원가절감 효과를 볼 수 있었다. 1995년 말까지 크라이슬러는 5천3백 개의 아이디어를 실제로 실행하였고, 그 결과 크라이슬러의 재무성과가 크게 개선된 것은 당연했다.

월트디즈니의 사업다각화

초기의 역사

캔사스 시티에서의 만화영화 사업이 1년도 가지 못해 실패하자 18세의 월트 디즈니는 1923년 형과 함께 헐리우드에서 디즈니 브라더스 스튜디오를 설립했다. 월트 디즈니는 작품에 몰두했고 형은 회사 경영에 집중했다. 드디어 1927년 <행복한 토끼 오스왈드>라는 단편 만화영화가 최초로 흥행에 성공했다. 이 캐릭터로 계속 단편 만화영화를 제작하려고 하였으나 배급사가 이미 캐릭터에 대한 권리를 소유하고 있어 어렵게 되자, 디즈니는 새로운 캐릭터를 개발하게 된다. 결국 월트 디즈니는 토끼인 오스왈드의 귀와 다른 부분을 약간 수정하여 미키마우스를 탄생시켰다.

처음에 미키마우스가 관심을 모으는데 실패하자, 월트 디즈니는 이 캐릭터를 이용하여 최초의 유성 만화영화인 <스팀보트 윌리>를 1928년 제작하여 큰 성공을 거두었다. 이후 구피, 도널

드덕 등 새로운 캐릭터들을 선보이며 단편 만화영화에서 성공을 이어나갔다. 이 과정에서 아카데미 상을 여섯 개나 수상하게 된다. 그러나 단편 만화영화 만으로는 회사의 지속적인 성장이 어렵다고 판단한 월트 디즈니는 1937년 장편 만화영화인 <백설공주와 일곱난장이>를 개봉했고, 이 영화는 역사상 가장 흥행에 성공한 장편 만화영화 중 하나로 기록되었다.

백설공주의 성공 이후, 디즈니는 매년 두편의 장편 만화영화와 다수의 단편 만화영화를 지속적으로 출시하는 목표를 설정하고 이를 위해 회사의 확장을 도모했다. 회사의 종업원수는 7배로 늘어났고, 새로운 스튜디오도 설립했으며, 1940년에는 필요한 자금을 조달하기 위해 주식시장에 상장했다.

디즈니의 성공과 시련

<환타지아>와 같은 야심차게 투자한 영화가 실패하고 2차 세계대전의 영향이 커지게 되자, 디즈니사는 정부의 교육용 만화영화를 제작하면서 견뎌나갔다. 이 즈음 디즈니가 소유한 음악의 저작권을 관리하고 유능한 음악가를 발탁하기 위해 월트디즈니 뮤직 컴퍼니를 설립했고, 1950년에는 최초의 TV 스페셜인 <원더랜드에서의 한시간>을 선보였다. 이 프로그램은 당시 1,050만 대의 TV가 보급되어 있던 미국에서 단숨에 2천 만 명의 시청자를 끌어 모았다.

1950년에는 <보물섬>을 개봉함으로써 만화영화가 아닌 영화제작에 뛰어들게 되었고, 이후 1965년까지 매년 평균 3개의 영화를 선보였다. 1953년에는 16년에 걸친 RKO와의 관계를 청산하고 독자적인 배급사인 부에노비스타 디스트리뷰션을 설립했

다. 이로써 그 동안 배급사에 지급해온 총수익의 1/3에 해당하는 수수료를 절감할 수 있게 되었다.

1954년 디즈니사는 ABC의 텔레비전 프로그램 <디즈니랜드>를 제작함으로써 TV 관련 사업을 강화하였다. 더욱이 월트 디즈니는 이 이름으로 2년 여 전부터 구상해온 테마파크 사업에 뛰어들기로 결정했다. 월트 디즈니는 기존의 테마파크들이 '별로 재미있지도 않고, 깨끗하지도 않으며, 아빠들을 위해 어떤 것도 제공해주지 못한다'고 생각하여 디즈니랜드의 목표를 전 가족을 위한 테마파크로 설정했다. 1955년 캘리포니아 로스엔젤레스 교외에 개장한 테마파크인 디즈니랜드는 매우 크게 성공했다. 월트 디즈니는 이에 만족하지 않고 플로리다 올랜도에 또 다른 테마파크인 디즈니월드를 계획하고 이 일대 약 3천만 평의 땅을 사들였다.

그러나 월트 디즈니는 디즈니월드의 완공을 보지 못한 채 1966년 세상을 떠났고, 대신 그의 형 로이 디즈니만이 1971년 개장을 지켜볼 수 있었다. 디즈니월드는 개장 후 첫해, 1천1백만 명의 입장객을 끌어 모아 세계에서 가장 성공적인 테마파크로 단숨에 자리잡았다. 이에 따라 디즈니는 근처에 관광객들을 위한 호텔을 지으면서 호텔사업에 뛰어들었고, 여행사, 항공사 등과의 원활한 조정을 위해 여행사를 설립하였다. 1976년에는 일본에 도쿄 디즈니랜드를 개장하겠다고 발표했고, 이에 따라 단독 투자한 일본 파트너로부터 입장권 수입의 10% 및 기타 수입의 5%와 자문료를 지속적으로 받을 수 있게 되었다.

일본에 디즈니랜드가 건설 중이던 1970년대 후반과 1980년대 초반, 영화 사업은 심각하게 위축되어 있었고 이를 극복하기 위해 영화관에 자주 가는 청소년과 성인 시장을 겨냥하여 터치스톤이라는 새로운 브랜드를 내놓았다. 그리고 케이블 방송으로 진출하기 위해 1983년에는 디즈니채널을 설립했다. 그러나 1980년대 초반 영화사업의 부진은 지속되었고, 이에 따라 디즈니사는 1984년 기업사냥꾼들로부터 인수의 표적이 되었다. 이들은 디즈니사의 경영권을 인수한 후 자산 및 계열사를 따로 매각함으로써 이익을 얻으려는 의도를 가지고 있었다. 그러나 자산가인 시드 배스가 거액을 투자함으로써 적대적 M&A 시도를 극복할 수 있었고 회사의 분리를 막을 수 있었다.

마이클 아이즈너

시드 배스는 과거 패러마운트 픽처스의 회장이던 당시 42세의 마이클 아이즈너를 디즈니사의 회장이자 CEO로 임명하였다. 그는 최고경영자에 취임하며 디즈니사의 핵심가치인 창의성, 품질, 기업가정신, 팀워을 그대로 계승하여 디즈니사의 브랜드 명성을 구축하겠다고 발표했다. 이러한 선언은 많은 구성원들의 우려를 불식시켰다. 디즈니 사내대학에서는 디즈니사의 역사와 문화에 대해 3일간 교육이 진행되었다. 교육과정에는 임원과 신입사원을 포함한 연수생들이 캐릭터 복장을 하고 테마파크에서 하루동안 근무하는 일정도 있었다. 이를 통해 디즈니의 전통에 대한 자부심을 불러일으키고자 했다.

마이클 아이즈너는 창의성을 디즈니 경쟁우위의 가장 핵심적인 원천으로 생각했다. 따라서 창의성과 재무적 성과의 적절한 균형을 추구했다. 그는 도전적이고 혁신적인 아이디어를 장려했고 컨셉 개발 단계에서의 창의적인 노력을 지원했다. 창의성을 높이기 위해 필요한 투자는 즉시 집행했다. 다른 한편으로는 모든 사업이 사전에 수립된 전략과 재무적 목표의 달성에 집중할 것을 요구했다. 디즈니사의 모든 사업들은 장기적인 높은 수익성을 추구했다.

새로운 경영진의 가장 큰 관심은 TV와 영화사업의 회생에 있었다. 과거 디즈니사는 신생 계열사인 디즈니채널에 미치는 영향을 우려하여 다른 케이블 TV용 프로그램 제작을 중단했었다. 그러나 마이클 아이즈너는 다른 케이블 TV에서 디즈니의 프로그램을 상영하면 디즈니의 품질을 알릴 수 있어서 오히려 디즈니채널에도 긍정적인 영향을 미칠 것으로 생각했다. 이에 따라 1986년부터는 ABC, NBC 등에 새로운 프로그램을 공급하기 시작했다.

1984년 박스오피스에서 디즈니의 점유율은 4% 정도로 주요 스튜디오 중 최하위를 차지하고 있었다. 이에 마이클 아이즈너는 그 동안 제작 중이던 영화를 모두 중단시킨 후, 흥행이 유력한 새로운 영화들에 집중 투자했다. 터치스톤 최초의 19세 이상 관람가 등급 영화인 <비버리힐의 낮과 밤>을 시작으로, 이 후 33개의 영화 중 27개가 이익을 창출했다. <뉴욕 세남자와 아기>, <굿모닝 베트남> 등 6개의 영화는 5천만 달러 이상의 이익을 만들어냈다. 당시 영화산업에서 60% 이상의 영화가 적자를 기록했음을 고려하면 놀라운 성과였고, 1988년이 되자 박스오피스에서 점유율이 19%에 달했다.

한편 테마파크 사업에 있어서는 디즈니사가 보유한 유휴 토지의 이용을 극대화하기 위해 부동산 개발 회사인 디즈니 디벨롭먼트 컴퍼니를 설립했다. 특히 올랜도의 경우 디즈니 소유 부동산의 15%만이 활용되고 있었다. 따라서 올랜도의 디즈니월드에 수천개의 객실을 확장했고 3억7천5백만 달러를 투자하여 컨벤션 센터를 건립했다.

1987년 디즈니는 디즈니스토어를 설립했다. 이는 처음으로 재미있는 유통(Retail as Entertainment)의 개념을 도입한 것으로, 단위면적당 매출액에서 일반 유통업체의 2배 이상을 기록했다. 디즈니스토어에서는 어린이들을 주고객으로 한 디즈니 캐릭터의 장난감과 의류 뿐 아니라, 디즈니 매니아들을 위한 다양한 소장용 제품들도 판매하였다. 1989년에는 팝음악 음반사인 헐리우드 레코드를 설립했고, 1990년에는 어린이용 서적을 출판하는 디즈니 프레스, 1991년에는 하이페리온 북스를 설립하였다.

디즈니사의 다각화는 크루즈 사업과 성인교육 사업까지 이어졌다. 디즈니는 가까운 디즈니월드까지 가는 크루즈 사업을 시작했다. 마이클 아이즈너는 디즈니월드로 가족을 끌어드리는 효과가 컷기 때문에 비록 투자수익률이 낮더라도 선박을 매각하지 않겠다는 의지를 보였다. 1996년 디즈니월드 내에 설립된 디즈니 인스티튜트에서는 단순한 엔터테인먼트 뿐 아니라 즐기면서 배울 수 있는 다양한 프로그램을 선보였다. 성인과 청소년들을 위한 애니메이션, 조경디자인, 요리 등 다양한 교육과정들이 개설되었다.

마이클 아이즈너의 취임 이후 다각화 중 가장 규모가 큰 것은 1995년 ABC의 인수였다. 자사 프로그램의 자체 배급망을 확보한다는 목적으로 190억 달러가 투자되었고, 이는 미국 역사상 두번째로 큰 M&A로 기록되었다. 이로써 디즈니사는 미국 내의 가장 큰 엔터테인먼트 회사가 되었고, 창의적인 컨텐츠를 세계적으로 배급할 수 있는 기반을 마련했다. ABC의 인수로 인해 10개의 지역 텔레비전 방송국을 보유한 ABC 텔레비전 네트워크, 23개의 지역 라디오 방송국을 보유한 ABC 라디오 네트워크, 스포츠채널인 ESPN과 ESPN2도 함께 디지니사에 소속되었다.

시너지 창출

마이클 아이즈너는 시너지의 창출이 디즈니사가 브랜드를 활용하여 가치를 창출하는데 핵심이라고 생각했다. 디즈니에서 시너지 창출의 핵심은 디즈니 디멘션이라는 프로그램이다. 모든 사업부에서 25명의 고위 임원진이 참석하고, 몇 개월에 한번씩 정기적으로 열린다. 마이클 아이즈너는 이를 시너지 훈련소라고 부르는데, 2000년에는 300명이 넘는 임원들이 이 프로그램에 참여했다. 참가자들은 디즈니 본사, 디즈니월드, 뉴욕의 ABC 등을 방문함으로써 회사 전반에 대한 이해를 넓힌다. 또한 오전 7시부터 오후 11시까지 자신의 사업부 관련 업무 수행이 금지되고, 때로는 화장실 청소, 캐릭터 분장 등의 임무를 수행하게 된다.

디즈니사에는 디즈니 디멘션과 더불어 CEO 직속의 시너지 그룹이 있다. 이 그룹은 각 사업부를 대표하는 관리자들로 구성되었다. 회사 전체의 시너지를 극대화하고, 모든 분야의 연결자(liaison)로서 역할을 수행하며, 잠재적으로 시너지가 예상되는 프로젝트나 마케팅 전략에 대한 정보를 공유하는 것을 목표로 한다. 또한 시너지 극대화에 지대한 공헌을 한 관리자에 대한 포상제도도 운영하고 있다.

디즈니사에서 교차 프로모션(cross-promotion)과 범위의 경제를 통한 시너지는 수익성에 큰 영향을 미친다. 대표적인 예가 만화영화에 대한 투자를 다수의 사업부에서 공동으로 활용하는 것이다. 만화영화가 개봉하기 한 해 전, 제작자는 이 만화영화에 대해 소비재, 홈비디오, 테마파크 사업부 등에 미리 설명한다. 새로운 만화영화의 일부분을 보여줌으로써 주인공의 테마와 캐릭터를 알려주는 것이다. 이후 이들은 매달 모여서 새로운 캐릭터로 개발 가능한 제품과 서비스에 대해 함께 고민한다. 이를 통해 디즈니는 하나의 새로운 만화영화를 하나의 작은 산업으로 성장시킨다.

기업변신과 사회적 책임

삼성그룹의 신경영

GE의 기업변신

현대그룹과 울산지역사회

삼성그룹의 신경영

삼성의 창업과 성장

삼성그룹은 한국에서 가장 오래된 역사를 가진 재벌 중 하나이다. 1938년 3월 당시 29세의 이병철 회장이 대구에 삼성상회라는 무역 회사를 설립함으로써 그룹의 역사는 시작되었다. 그때 대구는 우리나라 남부의 가장 큰 농수산물 집산지였다. 삼성은 대구 근교에서 수집한 청과물과 포항 등지에서 들여온 건어물을 중국 등에 수출했는데, 당시 종업원은 40여명에 불과했다. 한국전쟁 중 삼성은 비료와 설탕을 수입하여 판매하고, 전쟁 중 발생한 고철을 수출함으로써 무역업계 선두로 올라섰다.

전쟁이 끝나자 모든 산업이 황폐화 되었고, 한국은 극심한 물자부족에 시달려야 했다. 전후 심각한 생산시설, 인력, 자금의 부족으로 인해 거의 모든 생필품을 수입에 의존해야 했다. 이러한 상황에서 본사를 서울로 옮긴 삼성은 수입대체 산업으로 뛰어듦으로써 제조업에 진출했다. 1953년 제일제당을 설립하여 설탕 제조를 시작했고, 1954년 제일모직을 설립함으로써 섬유산업에 진출한 것이다.

무역과 설탕, 섬유의 생산 및 판매에서 나온 풍부한 자금은 삼성 성장의 원동력이 되었다. 이를 바탕으로 삼성은 1950년대 후반 금융, 양조업 등에 진출하면서 한국 최대의 기업집단을 형성했다. 이에 따라 이병철 회장을 보좌하고 그룹을 관리할 필요성이 대두되자 1959년에는 한국 기업 최초로 회장 비서실을 설치했다.

삼성그룹은 특히 1970년대에 들어 눈부신 성장을 이루었다. 정부의 적극적인 지원을 등에 업고 수출에 전력해오던 삼성은 1969년 삼성전자를 시작으로, 1974년 삼성석유화학과 삼성중공업, 1977년 삼성조선과 삼성항공 등을 차례로 설립함으로써 기존의 경공업뿐 아니라 전자 및 중화학 공업에도 진출하게 되었다.

1980년대에도 꾸준한 성장을 계속한 삼성그룹은 1987년 말 현재 식품, 섬유, 전자, 무역, 중공업은 물론 금융, 언론, 유통, 의료, 건설, 레저 산업 등 17개 산업의 36개 소속회사를 거느린 한국을 대표하는 매출 규모 1위의 기업집단(자산 규모는 현대, 대우에 이어 3위)으로 성장했다.

신경영 이전 삼성의 성공방식

(1) 다각화를 통한 양적 성장

한국에서 가장 성공한 재벌 중 하나로 평가 받는 삼성의 과거 전략 방향에서 가장 중요한 키워드는 양적 성장이었고, 이는 사업 다각화를 통해 이루어졌다. 자본 시장이 발달하지 않은 상황에서 성장을 위한 자금은 다른 그룹과 마찬가지로 금융기관으로부터의 부채를 통해 조달하였다.

정부의 정책은 삼성그룹의 다각화 방향에 큰 영향을 주었다. 삼성은 1970년대 정부의 중화학 공업 육성 정책의 지원을 받으며 석유화학, 중공업, 조선, 항공 산업 등으로 진출했고, 80년대에는 첨단산업 육성 정책의 지원을 받으며 반도체 산업에 투자를 집중했다. 이에 따라 1983년 64K DRAM을 필두로, 256K DRAM, 1M DRAM 등을 계속 개발해 냄으로써 세계의 이목을 집중시켰다.

(2) 정부와 우호적인 관계의 형성 및 유지

삼성은 정부와 우호적인 관계를 형성하고 유지함으로써 당시 매우 중요한 자원이었던 정부지원과 이를 통한 재무자원의 획득을 위해 노력했다. 경제문제는 군인 출신 정치인들에게는 너무도 생소한 것이었다. 따라서 정치지도자는 경제에 있어서 기업인들에게 의지할 수 밖에 없었다. 이러한 상황에서 이병철 회장은 12명의 다른 기업가들과 함께 1961년 전국경제인연합회(전경련)를 만들고 초대 회장이 되었다. 이병철 회장은 전경련을 통해 정부의 경제개발 정책 수립과 실행 과정에 적극적으로 참여했는데, 예를 들어 정부가 경제 개발을 위해 외국 자본을 필요로 하자 1961년 기업인들로 구성된 민간 외국자본 도입 교섭단을 미국, 유럽 등에 파견하여 필요한 자금을 조달함으로써 이에 부응하기도 했고, 수출 자유 공업단지의 조성(1963)을 정부에 건의하기도 했다.

1964년 삼성그룹은 박정희 대통령의 요청에 따라, 비료 공장을 지어 정부에 헌납하기도 했다. 뿐만 아니라 정치지도자의 정치자금 지원에도 인색하지 않았다. 1980년대 박정희 대통령의 뒤를 이은 전두환 대통령이 삼성그룹 이병철 회장으로부터 8차례에 걸쳐 2백20억원을 정치자금으로 받은 사실이 있다고 하여 물의를 일으키기도 했다.

(3) 강력한 비서실에 의한 조정

삼성그룹은 중요한 의사결정이 각 계열사 수준이 아닌 그룹 차원에서 이루어지는 중앙집권적 의사결정 프로세스를 가지고 있었다. 그리고 삼성의 중앙집권적 의사결정 프로세스에서 가장 특징적인 것이 바로 회장 비서실의 역할이었다. 사업의 규모가 급속히 팽창함에 따라 혼자 계열사를 효과적으로 통제하기 어렵게 되자, 이병철 회장은 1959년 회장 비서실을 설립했다. 처음에 1개 팀 20명 수준에서 시작한 비서실 조직은 삼성그룹과 함께 성장을 거듭해 1990년에는 15개 팀 250명의 거대조직으로 성장했다.

그룹 내 계열사의 재무자원, 인적자원에 대한 정보를 포함한 모든 정보는 비서실로 집중되었다. 그룹 내 정보뿐 아니라 계열사 및 해외지사를 통해 들어오는 경쟁자를 포함한 국내외 환경에 대한 정보도 비서실로 집중되었다. 삼성그룹 비서실의 정보수집능력은 국가 정보기관보다도 우수하다는 평가를 받으며 '재계의 청와대'로 불리기도 했다. 수집된 정보는 비서실에서 관리되며 회장의 효과적인 자원 배분 의사결정에 중요한 도움이 되었다.

비서실의 기능은 회장의 의사결정에 필요한 정보 제공의 스탭 기능에만 그치지 않았다. 비서실은 실질적인 권한을 가지고 핵심적인 자원인 자금과 경영인력의 취득, 분배, 조정을 담당했다. 이러한 강력한 중앙 조직은 내부자금시장 및 노동시장의 형성과 효율적인 자원의 활용을 가능하게 했다. 삼성그룹에서 처음 등장한 비서실 조직은 그 후, 1968년 LG, 74년 SK, 76년 대우, 79년 현대그룹 등 타 기업에도 적극적으로 도입되었다.

삼성의 신경영

(1) 프랑크푸르트 선언

1987년 11월 19일 창업자 이병철 회장이 사망했고 이로써 10년 가까운 이건희 부회장의 경영 수업도 막을 내렸다. 그날 개최된 사장단 회의에서 당시 이건희 부회장이 삼성그룹의 제2대 회장으로 추대된 것이다. 정보력에 있어서 탁월한 비서실을 가진 삼성그룹, 그리고 이건희 회장은 WTO체제의 출범 등 1980년대 말 이후 변화하는 경영환경에 대해 다른 기업들보다 빠르고 정확하게 그 내용을 파악하고 있었다.

> "우르과이 라운드 협상에 따라 1995년까지는 일부 농산물을 제외한 전 시장을 개방하지 않으면 안된다. 이것은 무엇을 의미하는가. 80년대까지는 국내에서 이기면 챔피언이 될 수 있었지만, 지금은 세계 무대에서 이겨야만 (국내에서도) 챔피언이 된다는 것이다."

이에 따라 이건희 회장은 취임 이후, 삼성의 CI를 바꾸며 초일류 기업을 향한 삼성의 변화와 개혁을 강조했다. 그러나 그에 따른 그룹 내 변화는 가시적이지 못했다. 이러한 위기감을 바탕으로 이건희 회장이 변화의 주역으로 나선 것은 1993년이었다.

1993년 2월부터 해외 회의를 연이어 열기 시작한 것이다. 그 시작은 미국의 LA 였다. 몇몇 전자제품 매장을 둘러본 이건희 회장과 23명의 삼성전자 임원들은 글로벌 경쟁에서 삼성이 차지하는 위치를 뼈저리게 체험할 수 있었다. 삼성전자의 제품들은 소니와 같은 세계 일류 브랜드에 밀려 찾아보기 힘들었고, 진열대 위에서 먼지투성이가 된 채 소비자에게 외면당하는 천덕꾸러기가 되어 있었다. 체험에 이어 현지에서 회의가 진행되었다.

이러한 회의는 계속되었다. 1993년 8월까지 7차례에 걸쳐 일본, 독일, 영국을 돌며 진행된 회의에는 삼성그룹의 전계열사에서 사장을 포함한 임원 1800명이 참여했다. 회의는 평균 8시간, 최장 16시간 동안 쉬지않고 계속되었고, 이 기간 이건희 회장은 2~3시간 이상 잠을 자지 않았다. 그를 자주 보던 이들도 전에 볼 수 없었던 열정에 놀랐다고 한다. 회의 내용은 비디오로 녹화되었고, 사내방송(SBC)을 통해서 삼성그룹 전직원이 볼 수 있도록 했다.

해외 회의들을 통해 이건희 회장과 임원들은 해외 선진 시장에서 살아 남기 위해서는 경쟁력에서 앞서야 하며, 이를 위해서는 제품의 품질을 세계 수준으로 끌어올려야 한다는 결론에 도달하게 되었다. 그리고 이를 위해서는 삼성그룹이 그때까지 가지고 있던 기존의 사업방식을 완전히 바꾸어야 함을 깨달았다. 결국 이건희 회장은 1993년 6월 삼성그룹 전직원을 향해 "지금 우리가 변하지 않으면 기회가 없다. 아내와 자식 빼고는 다 바꿔보자"는 소위 프랑크프르트 선언을 하게 되었다. 삼성의 신경영이 본격적으로 시작된 것이다.

(2) 질 위주의 경영

삼성그룹 신경영의 핵심은 질 위주의 경영이다. 이는 과거 한국 재벌들의 가장 중요한 전략 방향인 양적 성장을 버리고, 질적 향상을 새로운 전략 방향으로 설정하는 것이다.

> "가격위주 판매, 대량생산, 대량판매 지상주의는 더 이상 설 자리를 잃고 있습니다. 격화되고 있는 경쟁에 대응하기 위해서 가격, 품질, 서비스 면에서 국제 경쟁력을 강화하는 방향으로 전략을 집중해야 합니다. 나의 철학은 철저히 질을 중시함으로써 최고의 제품을 만들어보자는 것입니다. 앞으로 삼성은 제품 하나를 개발하더라도 세계 최고를 만들어야 합니다. 이것은 삼성그룹 55년 역사를 바꾸는 것입니다."

삼성을 포함한 한국의 대기업들은 그 동안 정부의 보호와 수요의 급성장으로 인해 만들어진 공급자 시장에서 어떤 제품이든지 더 많이 만들어서 더 많이 팔아야 한다는 양적 성장에 대한 강한 집착을 가지고 있었다. 국내 시장에서뿐 아니라 해외 시장에서도 품질 수준이 비교적 낮은 제품을 생산, 정부의 보조와 낮은 생산원가를 통해 달성된 가격경쟁력을 바탕으로 무조건 많이 수출하면 된다는 사고에 집착하고 있었다. 이러한 집착은 과거 재벌의 성장과 한국의 경제발전에 크게 이바지했다.

그러나 1980년 말 여러 변화로 인해 이러한 전략적 틀에 대한 집착이 더 이상 성공을 보장하지 못하게 되었다. 이러한 배경에서 출발한 삼성그룹의 '질' 위주의 경영은 '양'에 대한 과거의 집착을 버리고, 새로운 전략적 틀, 즉 질에 대한 집착을 강조하고 있는 것이다.

질 위주의 경영에 따라 각 계열사는 월드 베스트(세계 1위)의 품질을 가진 제품 및 서비스를 개발할 것이 요구되었고, 이것이 어려운 계열사는 매각 또는 다른 계열사에 합병되도록 하였다. 이에 따라 삼성그룹은 1993년 14개사가 그룹에서 분리되거나 다른 계열사에 합병되었다. 그 중에는 식품산업의 제일제당도 포함되어 있었다. 제일제당은 1953년에 설립, 그 동안 지속적인 이익을 창출하며 그룹의 성장에 필요한 캐쉬카우 역할을 꾸준히 해온 삼성에서 가장 역사가 깊은 기업이었다. 삼성그룹의 사업 구조조정은 경공업에서 탈피하여, 전자, 중공업, 화학의 첨단산업과 금융산업에 집중하는 방향으로 추진되었다.

각 계열사의 임원들에 대한 평가방식에도 질 위주의 경영을 반영하였다. 1993년 9월 임원들의 업적평가 항목에서 매출액, 순이익 등 양적 요소를 제외하고, 질적 항목만을 대상으로 평가하겠다고 발표한 것이다. 이에 따라 업적 평가의 기준이 과거 매출액, 순이익 등에서 불량률, 반품률, 신제품 매출비중, 주요 특허 획득, 신제품의 적기 시장 도입 등으로 바뀌었다.

각 계열사들은 불량, 결함 등을 줄이기 위한 노력으로 식스 시그마, 리엔지니어링 등의 기법을 적극적으로 도입했다. 그 중에서 가장 강력히 추진된 것은 라인 스톱제였다. 삼성전자의 세탁기 라인에서 시작된 이 제도는 곧 삼성전자의 모든 사업장과 다른 계열사로 확산되었다. 불량이 발생하는 라인의 가동을 중지해 불량 원인을 철저히 분석, 제거한 다음에야 생산을 재개한다는 것이다. 생산물량이 밀려 있는 데도 불구하고 라인을 세워야 해서 생산 담당자들에게는 큰 고통을 주는 제도였으나, 그 효과는 커서 전자제품의 경우 1993년 불량률이 전년에 비해 적게는 30%, 많게는 50% 줄어들었다.

(3) 과감한 임원 인사

삼성그룹은 1993년 11월 계열사 사장 및 부사장들을 대거 직접적인 경영권 행사에서 배제시켰다. 5명의 사장을 상담역으로, 4명의 부사장을 고문으로 각각 경영 일선에서 퇴진시킨 것이다. 사장단에 이은 임원 인사에서도 265명 승진을 포함, 삼성 역사상 최대 규모인 299명의 인사를 단행했다. 일선 경영에서 떠난 경영자들은 대부분 삼성그룹에서 20년 이상 근무하며, 과거 삼성그룹의 양적 성장을 주도했으나, 신경영에는 적응하기 어렵다고 판단된 인물들이었다.

이러한 인사는 삼성의 실질적인 세대 교체로 평가되었는데, 변화 의지가 뚜렷하고 참신한 인물을 최고경영진에 대거 발탁, 삼성의 개혁을 실질적으로 주도할 수 있도록 하는데 초점이 맞춰졌다. 특히 연공서열에서 탈피하여 젊은 사람들을 대거 임원으로 임명함으로써 개혁 분위기가 조직 전체에 확산될 수 있도록 노력했다.

(4) 소그룹 체제 도입과 비서실의 폐지

1993년 구조조정에 이어, 1994년에는 한국 최초로 소그룹 체제를 도입했다. 그룹을 전자, 기계, 화학, 금융의 소그룹으로 나누고 각 소그룹 별로 소그룹장을 임명하여 경영하도록 한 것이다. 이는 과거 그룹 회장을 중심으로 한 중앙집권적 의사결정 프로세스를 동일한 산업의 계열사들끼리 묶인 소그룹의 장에게 이양하는 것이다.

지금까지 비서실 주도의, 산업별 차이를 고려하지 않은 일괄적인 관리시스템에서 탈피하여, 사업군 별로 소그룹장에 의한 책임경영 체제를 도입하였다. 4개의 중핵 사업군은 그룹으로부터 독립적인 인사권을 갖고 인사, 급여, 승진, 채용, 업적평가 등을 차별화하였다. 뿐만 아니라 장기전략과 비전도 소그룹 별로 수립하도록 했다.

삼성그룹의 비서실은 자원을 역점사업에 집중함으로써 그룹의 성장을 주도해 왔으나, 다른 한편 각 계열사 사장들 위에 군림하며 계열사의 자율적인 경영을 침해해 왔다. 계열사 사장들의 평가가 비서실에서 이루어졌기 때문에, 계열사 사장들 사이에서는 자신의 지위가 비서실장의 손에 달려있다는 생각이 지배적이었다. 이러한 상황에서 이건희 회장은 1998년 계열사의 자율을 증대시키기 위해 기존의 15개팀 250여명에서 10개팀 130여명 규모로 비서실을 축소했다.

같은 해 삼성그룹은 결국 각 소그룹 및 계열사별 자율성을 더욱 증대시키기 위해 삼성그룹 비서실을 해체하고 구조조정본부로 축소 개편했다. 재무구조 개선, 비주력 사업 부문과 계열사 매각 등 구조조정 업무에만 충실하겠다는 것이다. 1959년 창업자의 지시로 탄생한지 40년 만이었다.

최고 기업으로 도약

1980년대 이후 환경 변화의 영향은 1990년대 중반 이후 한국경제에 직접적인 타격을 주었다. 1997년 아시아 외환위기와 맞물려 한국 경제가 최대의 위기를 맞이한 것이다. 이에 따라 1997년 말 현재 자산 순위 3위였던 대우그룹은 1999년 부도를 맞게 되었고, 1986년 이후 계속 1위를 고수하던 현대그룹도 매우 큰 어려움을 겪으며 2000년부터는 그 자리를 삼성에 넘기게 되었다. 곤경에 처한 그룹의 대부분은 과거의 성공방식, 즉 부채 위주의 양적성장, 정부와의 친밀한 관계 등을 위기 상황에서도 계속 유지하려 했던 기업들이다.

그러나 삼성그룹은 이러한 위기를 기회로 삼아, 계속 추진해온 과거의 성공방식에 대한 개혁을 가속화했다. 이에 따라 삼성은 1998년 4월 61개의 계열사를 2000년 4월 45개로 급격히 줄였으며, 삼성중공업의 건설기계 사업부를 볼보에, 지게차 사업부를 클라크에 매각하는 등 총 10개 사업부를 해외 자본에 매각했다. 이들 계열사 및 사업부들은 수익성, 부가가치, 성장성이 낮은 것들로, 매각을 통해 확보된 자금은 그룹의 부채비율을 낮추는 데 쓰였다. 이에 따라 1997년 말 365% 이던 부채비율은 1999년 말 183%로 낮아졌다.

한국 기업들은 급격히 성장하는 과정에서 필요한 자금을 부채에 많이 의존했기 때문에, 외환위기 이후 높아진 이자율은 기업의 수익성에 큰 악영향을 미쳤다. 이러한 상황에서 삼성은 1993년 이후 지속된 신경영을 통해 다른 그룹에 비해 낮은 부채비율을 유지하고 있었고, 외환위기 이후에도 적극적으로 구조조정을 실시함으로써 위기에 효과적으로 대응할 수 있었다. 뿐만 아니라 사업의 매각, 인원감축, 아웃소싱 노력을 통해 1997년 말 26만7천명에 이르던 종업원수도 1999년 말 16만1천명으로 대폭 감소시켰다.

그러나 외환위기 이후에도 핵심 부문에 대한 투자는 지속되었다. 반도체 사업에 추가적인 투자가 필요한데도 불구하고, 외환위기로 인해 자본의 조달이 어렵게 되자 1998년 삼성전자는 부천 반도체 공장을 매각했다. 이 공장은 1974년 삼성이 반도체 사업으로 처음 진출할 때, 당시 이건희 부회장이 개인 자금으로 인수한 공장으로 삼성그룹 반도체 사업의 발원지인 뜻 깊은 곳이었다. 매각을 통해 확보된 자금은 곧바로 미래의 주력이 될 비메모리 분야에 투자되었다.

한편 의사결정 권한의 이양은 외환위기 중에도 가속화 되었다. 그룹 차원의 구조조정 의사결정도 회장의 독단적인 의사결정이 아니라 그룹 차원의 구조조정 본부와 계열사 사장간 많은 논의를 통해 이루어졌다.

삼성그룹은 2000년에 들어서면서 창사 이래 최대의 호황을 맞이한다. 2000년 말 현재 삼성그룹은 자산 기준으로도 외환위기에 치명타를 맞은 현대그룹을 물리치고 재계 1위의 기업이 되었다. 삼성은 매출액과 순이익 면에서도 각각 1,195억 달러와 73억 달러로 그룹 역사상 최대를 기록했다. 한국의 12월 결산 상장 기업들이 2000년 거둔 순이익 중 삼성전자 한 회사가 차지하는 비중이 69%나 됐다. 주식시장에서도 삼성그룹의 계열사들은 국내 시가총액의 20% 이상을 차지하게 되었고, 대부분 고가주에다 블루칩 대접을 받기 시작했다.

삼성은 2000년 말 현재 세계 월드베스트 제품을 13개나 가지게 되었고 2005년까지 이를 30개 이상으로 늘린다는 계획을 수립하고 있었다.

GE의 기업변신

최고경영자 잭 웰치

2001년 9월 7일 잭 웰치는 GE의 회장직에서 내려왔다. 그간 GE가 받은 찬사로 볼 때 지난 20년 간 GE의 성과에 대해 잭 웰치가 가지는 큰 자부심은 당연한 것이다. GE는 3년 연속 포춘지에서 선정한 미국에서 가장 존경 받는 기업이었고, 파이낸셜 타임즈지에서 선정한 세계에서 가장 존경 받는 기업이었다. 그리고 은퇴하기 전날 밤 포춘지는 잭 웰치를 '세기의 경영자'라며 극찬했다.

1878년 토마스 에디슨이 설립한 제너럴 일렉트릭(GE)은 발전, 송전, 전력 활용에 집중하던 회사로 시작하여 100여 년 뒤 세계 최고 수준의 다각화된 거대 기업으로 성장하였다. 한 세기가 흐른 뒤 GE는 전력, 소비자 가전, 조명기기와 같은 핵심부문에 더하여 항공기엔진, 의료시스템, 디젤기관차 같은 사업들도 영위하고 있었다.

오랫동안 미국 내 경영기법의 선구자이던 GE는 끊임없이 변화를 추구해왔다. GE는 1930년대 후반 고도로 집중화되고 통제가 심한 조직으로 유명했으나 1950년대에 이르러서는 수백 명의 부문별 경영진에게 권한을 위임한 분권화된 조직의 대명사가 되었다. 1960년대 GE는 소위 '이익 없는 성장'을 거치면서 본사 스텝을 강화하고 한층 복잡해진 전략 계획 시스템을 개발하였다. 경영기법에 있어서 최첨단의 조직임을 또다시 보여주게 된 것이다.

1973년 GE의 최고경영자가 된 레그 존스는 SBU(Strategic Business Unit)를 기본으로 하는 조직구조와 전략적 계획시스템으로 수백여 기업들의 벤치마킹 대상이 되었다. GE 매트릭스는 지금도 사업 포트폴리오 관리에 유용하게 쓰이고 있다. 1970년대의 GE는 레그 존스와 함께 발전을 거듭했고, 그가 은퇴하던 1981년 월스트리트저널은 레그 존스를 '경영의 전설'이라며 칭찬하였다.

45세의 잭 웰치가 레그 존스를 이어 GE의 최고경영자가 된 1981년은 미국 경제가 쇠퇴하고 있던 시기였다. 높은 금리와 달러화 강세는 경제를 악화시키고 있었고, 결국 미국은 대공황 이후 최고 수준의 실업률을 기록하게 되었다. 다양한 사업 포트폴리오를 가지고 있던 GE의 성과를 향상시키기 위해 신임 최고경영자는 각 사업 부문들에 최고가 되어야 한다는 도전적 과제(Better than the Best)를 제시하였고, 향후 5년간 급진적으로 기업구조조정을 실시하겠다는 의지를 밝혔다.

합리화 과정

잭 웰치는 최고경영자로 임명되자마자 각 사업 부문이 해당

산업 내에서 1위 또는 2위가 되지 않는 한 사업을 철수하라는 기준을 밝혔다. GE의 사업들은 생산성과 품질에 있어 높은 투자 우선순위를 가지는 코어 부문, R&D 투자를 통해 최첨단을 달리도록 해야하는 하이테크놀로지 부문, 뛰어난 인재 확보와 지속적인 인수가 필요한 서비스 부문 중 하나에 속하였다.

"지금부터 10년 후 나는 GE가 독특하고 진취적이며 기업가적이고 가장 수익성이 높으며, 고도로 다각화되어 있으나 모든 제품에 있어 세계 최고수준의 품질을 자랑하는 기업이 되기를 희망한다."

경기가 좋지 않고 글로벌 경쟁, 특히 일본 기업들과의 경쟁이 치열한 상황에서 산업 내 1위 또는 2위가 되는 것은 매우 힘든 일이었다. 그럼에도 불구하고 잭 웰치는 흔들림 없이 경쟁력 없는 사업 부문을 '고치거나, 매각하거나, 폐쇄하라'는 지시를 내렸다. 이에 따라 중앙 냉난방설비, 가정용품, 탄광 사업과 함께 GE에서 가장 유명한 소비자 가전 사업 부문까지도 매각하게 되었다. GE는 1980년 기준으로 매출액 25%를 차지하는 200개 이상의 사업 부문들을 1981~1990년에 매각하여 110억 달러의 자금을 마련하였다.

잭 웰치는 GE가 내부적으로 더욱 슬림하고 활력이 넘쳐야 한다며 상징적으로 200명의 본사 전략기획본부 인원을 50% 감축했다. 또한 1985년에는 조직을 기존의 9개 계층에서 4개 이하로 줄이면서 모든 사업 부문이 자신에게 직접 보고하도록 하였다.

"우리는 더 이상 질문만 하거나 감시만 하는 자, 프로세스를 어지럽히는 불평만 하는 자들을 원하지 않는다. 오늘날 각 본사 인력들은 '내가 어떻게 회사의 가치를 높이고 있는가', '내가 어떻게 현장의 사람들을 더욱 효과적이고 경쟁력 있게 만들 수 있는가'를 질문해야 한다."

GE는 다운사이징, 본사 인력 감축, 계층 간소화를 통해 1981년부터 1988년 사이 59,290명의 정규직과 64,160명의 비정규직 종업원을 감축하였다. 또한 사업 철수를 통해 122,700명의 인원을 추가적으로 감축했다. 다른 한편으로는 인수를 통해 종업원이 늘어나고 있었음에도 불구하고, 1980년 40만4천 명이던 전체 종업원수는 1984년 33만 명, 1989년 29만2천 명으로 감소하였다. 이에 따라 1981년부터 1985년 사이 매출액은 272억 달러에서 292억 달러로 약간 증가했지만, 영업이익은 16억 달러에서 24억 달러로 급격하게 증가했다.

이러한 1980년대 초중반의 급진적인 구조조정으로 인해 잭 웰치는 '중성자탄 잭'이라는 별명을 얻었다. 잭 웰치의 이러한 시도는 1986년 8월 사업 부문 대표 14명 중 12명을 교체하면서 극에 달했다. 주로 잭 웰치의 대학 동문들로 이루어진 새로운 팀은 새로운 경영가치에 강한 책임감을 보였고, GE의 기존 문화를 깨뜨리고자 노력했으며, 무엇보다도 변화를 가져올 능력을 가지고 있었다. 잭 웰치는 GE가 점진적이 아닌 급진적으로 도약하기를 원했다.

재활력화 과정

1980년대 후반, 대부분의 GE 사업 부문들이 구조조정을 마쳤다. 그러나 GE는 문화적 충격과 심리적 피로감으로 비틀거리고 있었다. 이제 잭 웰치는 '중성자탄 잭'을 넘어서 GE의 견고한 기초가 만들어지기를 바랐다.

"1988년 중반까지 우리 회사의 외관은 기본적인 자리를 잡았다. 우리는 우리의 사업을 좋아한다. 이제는 조직의 내적인 부분에 집중할 때이다. 기업은 구조조정, 관료제 철폐, 다운사이징을 통해 생산성을 제고할 수는 있다. 그러나 이러한 생산성을 유지하기 위해서는 문화적 변화가 꼭 필요하다."

1989년 잭 웰치는 개방, 정직, 현실직시라는 가치를 GE의 규범으로 만들고자 했다. 동시에 스피드, 간소화, 자신감을 조직문화의 키워드로 만들기 위해 노력했다. 이러한 경영규범과 조직문화를 GE 전체에 전파하기 위해 워크아웃 프로그램과 베스트 프랙티스 프로그램을 실행하였다.

'워크아웃' 프로그램은 조직에서 불필요하게 관료적인 부분을 없애고 종업원과 관리자들 간 새로운 관계를 설정하는 기회를 제공하려고 기획되었다. 40~100명의 종업원들이 한 그룹을 이루어 현장과 멀리 떨어진 장소에서 함께 3일을 보낸다. 이들은 퍼실리테이터의 도움을 받아 사업에 대한 각자의 시각을 서로 공유하고 개선할 수 있는 부분에 대해 토의한다. 마지막 날에는 부서장이 주제를 제시하고, 구성원들이 이에 대해 분석하여 발표하는 동안 부서장은 경청하는 방식으로 진행되었다. 1992년 중반까지 전체 종업원의 3분의 2에 해당하는 이십만 명이 이 프로그램에 참가했다. 그 결과로 생산성이 향상된 것으로 평가되었는데, 1981~1987년 생산성이 연평균 2%씩 향상된 반면, 이 프로그램이 실행된 1988~1992년에는 4%로 두배가 되었다.

이와 함께 시행된 것이 '베스트 프랙티스' 프로그램이다. 이 프로그램은 생산성 향상을 위해 기업 내외의 사례를 분석하여 시사점을 도출하는 것이다. 잭 웰치는 이와 같은 문제해결 방식이 조직 전반에 확산되기 원했기 때문에 이 프로그램을 워크아웃과 연계하였다. 이를 통해 많은 GE 경영자들이 현실에서의 문제를 직시하게 되었고, 많은 사업 부문들이 그들의 업무 전반을 급격히 수정해 나가게 되었다.

한편 GE의 크로톤빌 연수원은 조직문화의 변화를 전파하는 핵심 기관으로 유명해졌다. GE가 1980년대 중반 거의 모든 부분에 걸쳐 비용절감을 꾀하고 있을 때에도 크로톤빌의 건물 신축과 보수에는 무려 4천5백만 달러를 투자했다. 잭 웰치 스스로가 한 달에 두 번씩 크로톤빌을 방문하여 GE의 종업원들을 교육하고 그들과 소통했다. 최고경영자의 직접적인 통제와 개인적인 참여 하에서 이 연수원은 GE의 새로운 비전과 문화적 규범에 걸맞은 리더들을 양산하는 핵심적인 기관이 되었다.

잭 웰치는 보상체계에서도 급진적 변화를 꾀했다. 기본급에 성과를 반영한 보너스 약간을 덧붙여 매년 조금씩 상승하던 임금체계를 스톡옵션에 기반한 것으로 획기적으로 전환하였다. 3백 명이던 스톡옵션 대상자들을 3만 명으로 늘렸고 성과에 따른 보너스의 비중 또한 크게 늘렸다.

GE는 1980년대 후반부터 글로벌화를 본격적으로 추진하였다. 국내 시장에서 기반을 다졌다는 자신감이 반영된 것이다. 이로써 성과의 기준은 더욱 높아져서 과거 국내 1위 또는 2위에서 이제는 글로벌 시장 1위 또는 2위가 되었다. GE는 독일 로버트 보쉬와 조인트벤처를 설립하고 일본 도시바와 전략적 제휴를 맺었다. 동유럽이 개방되자 헝가리의 조명기기 기업인 텅스램(Tungsram)의 지분을 대규모로 매수했다. 유럽의 경기가 좋지 않던 1989년부터 1995년 사이 유럽에 175억 달러를 투자하였다. 또한 GE는 1995년 멕시코 페소화 폭락 위기에 이를 기회로 판단하고 6개월 동안 16개의 기업을 인수했다. 마찬가지로 1997년부터 1998년 사이 아시아 경제 위기 때, 일본에서만 6개월 동안 150억 달러 규모의 기업 인수를 진행했다. 이로써 1998년 해외 매출액은 428억 달러로 불과 5년 전의 두 배에 달했다.

변신의 지속

잭 웰치는 1990년대에 들어서면서 GE의 기초가 다져졌다고 판단하였으나 변화를 지속하기 위해 새로운 어젠더를 계속 제시하였다. 특히 1990년대에는 경계 없는 기업을 강조하였다.

> "우리는 생산, 제조, 마케팅, 판매, 고객서비스 사이의 벽을 허물어뜨릴 것이다. 또한 국내시장과 해외시장의 차이를 없애서 부다페스트나 서울에서 일하는 것이 루이빌(테네시주)이나 스키넥터디(뉴욕주)에서 일하는 것과 마찬가지로 불편함이 없도록 할 것이다. 경계가 없는 조직에서는 협력을 방해하는 경영진, 정규직, 비정규직과 같이 집단을 구분하는 말들을 무시하거나 없앨 것이다."

> "우리는 서로서로 빠르게 배우기 시작했다. 생산성의 해법은 조명사업으로부터, 빠른 대응은 가전사업으로부터, 효과적인 거래는 금융사업으로부터, 비용절감 방식은 항공엔진사업으로부터, 국제 회계기준은 플라스틱사업으로부터 배우고 있다."

잭 웰치는 1990년대 중반 이후에도 GE의 전통산업 의존도를 줄이겠다는 임기 초반의 목표에 여전히 집중하고 있었다. 그래서 GE의 모든 사업부가 새로운 서비스에 기반한 성장기회를 탐

색하도록 하였다. 이제는 더 이상 경영자들의 관심이 제품을 파는 것에 머물지 않고, 고객이 성공할 수 있도록 도와야 한다는 생각으로 바뀌기를 바랐다. 이에 따라 1997년 한 해에만 20개의 서비스 관련 인수와 조인트벤처를 실행하였다. 여기에는 15억 달러 규모의 제트엔진 서비스 사업 인수와 6억 달러 규모의 글로벌 발전기기 서비스 업체 인수가 포함되었다.

20년에 걸친 변신 노력으로 이제 GE의 사업구조는 근본적으로 바뀌었다. 서비스에서 GE 매출의 무려 3분의 2가 창출되고 있는 것이다.

현대그룹과 울산지역사회

현대그룹과 울산

현대그룹[3)]과 울산지역은 정주영회장이 현대자동차와 현대중공업의 생산설비 입지를 울산으로 결정함으로써 오랜 인연이 시작되었다. 1967년 설립된 현대자동차의 공장 부지는 울산시 동구 공업 단지 내 해안지역 2만평으로, 제1차 경제개발 5개년 계획에 의해 공업단지가 조성된 곳이었다. 이곳은 산업도로가 인접해 있고, 철도를 공장 내에 유치할 수 있어 교통이 편리할 뿐만 아니라, 선박의 자체 접안시설을 설치하기가 용이하여 비용을 절감할 수 있고 베트남 등지에서 요구하는 차량 재생 사업도 겸할 수 있는 등 글로벌화를 꾀할 수 있는 곳이었다.

조선소가 건설되기 전 울산 동구 전하만(현재의 전하동)은 남쪽으로 미포만, 일산만에 인접해 있으면서 백사장이 고운 천혜

3) 현대중공업그룹, 현대자동차그룹 등으로 분리되기 이전의 현대그룹을 뜻함.

의 해수욕장이었고, 300호 정도의 주택이 있는 어촌 마을이었다. 정주영회장의 지시로 이 지역을 기초 조사한 결과, 암반의 상태가 매우 양호하다고 평가되었다. 조선소 부지는 암반이 너무 적어도 문제지만 너무 많아도 적합하지 않은데 전하만은 매우 적당했다.

그러나 기후와 해상여건은 문제로 남아 있었다. 현대의 의뢰를 받아 파견되어 온 독일의 아게베세(A.G. Wesse) 기술진들도 파도와 풍속을 문제 삼았다. 대형 선박을 건조하려면 파도가 1m 이하, 풍속이 초속 20m 이하여야 한다는 것이었다. 현대는 곧 국립건설연구소와 중앙관상대에 조사 분석을 의뢰했다. 다행히 방파제를 건설하면 파도를 1m 이하로 낮출 수 있고, 초속 20m 이상의 바람은 연중 극히 짧은 기간에만 발생한다는 분석결과가 나왔다. 그리하여 조선소 건설팀은 1971년 중반부터 토지를 매입하는 등 본격적인 부지조성작업에 나섰고, 1972년 동구 전하동에 현대조선(현재의 현대중공업)이 설립되었다.

1970년대 이전 울산지역 여건

현대그룹이 울산지역에 생산기반을 마련한 자동차와 조선 산업은 공통적으로 두 가지 특성을 가지고 있다. 첫째, 두 산업은 모두 많은 수의 숙련공을 필요로 하는 노동집약적 산업이다. 자동차와 조선 산업은 기계공업의 산물로, 수공업의 특성을 가지고 있어서 '사람과 기계의 결합'의 기반 위에 도구를 다루는 산업이라는 공통적인 특성을 가지고 있다. 따라서 사람을 통한 노하우의 의존성이 높고 제품 품질도 비연속적으로 나타나며 요구되는 품질수준을 지속적으로 달성하기 위해서는 각종 관리기술을 필요로 한다.

둘째, 자동차와 조선 산업은 관련 및 지원 산업이 매우 중요한 산업이다. 예를 들어 자동차는 약 5천종의 부품 2만여 개를 조립함으로써 만들어진다. 부품에는 철강, 비철금속, 고무, 합성수지, 유리, 섬유 등 여러 가지 재료가 이용되고, 이러한 원료 및 부품의 품질이 최종 제품의 품질을 좌우하게 된다. 따라서 원료 및 부품을 제조하는 협력업체들의 경쟁력이 자동차와 조선 기업의 경쟁력에 매우 중요한 영향을 미치게 된다.

울산지역은 생산요소 중 자연환경 측면에서 매우 좋은 여건을 가지고 있었다. 낮은 조류와 깊은 수심으로 인해 수출항이 필요한 자동차와 거대한 도크가 필요한 조선 산업의 입지로서 알맞은 지역이었다. 따라서 현대그룹은 이러한 산업에 진출하면서 울산을 공장입지로 선택하게 되었다.

그러나 이들 산업에서 자연조건과 함께 핵심적인 생산요소인 기능 인력과 관련 및 지원 산업 측면에서 1960년대 울산지역은 매우 열악한 현실이었다. 1962년 공업지구 지정 당시 울산의 인구는 85,082명이었고, 이 중 남성의 수는 42,027명에 불과했다. 현재 현대자동차 울산공장의 근로자수가 사내협력업체를 포함하면 약 35,000명임을 감안하면, 당시 울산의 인구는 절대적으로 부족한 상황이었다.

뿐만 아니라 인구의 71.4%가 농업, 어업등 1차 산업에 종사하고 있고, 교육수준도 낮아서 자동차 공장 및 조선소에서 활용 가능한 인력은 극히 제한적이었다. 이러한 상황으로 인해 타 지역으로부터 인력을 유입시켜야 할 필요성이 매우 높았다. 그러나 이 또한 여의치 않았는데, 그 이유는 당시 울산지역의 정주여건이 매우 열악했기 때문이다. 당시 울산지역의 상황에 대해 플랜트사업본부의 한 관리자는 다음과 같이 회상했다.

> "처음 찾은 울산 현대중공업은 그렇게 만만하지만은 않았다. 무엇보다 동울산이 기대했던 것만큼 마음에 들지 않았다. 당시 상당히 많은 사람들이 이곳을 유배지라 부르기도 하고, 혹자는 뒷걸음질하며 세월을 까먹는다고 말했다. 한마디로 울산은 별 볼일이 없었다."

생산요소 중 노동력의 부족과 함께, 경쟁 환경 중 당시 울산이 치명적인 약점을 가지고 있었던 것이 관련 및 지원 산업이었다. 1962년 현재 울산지역의 인구 중 1차 산업 종사자의 비율이 71.4%였던 반면, 2차 산업(제조업) 종사자의 비율은 전체인구의 4.0%인 1,312명에 불과했다. 더욱이 2차 산업 종사자 중 3인 이상의 기업에 고용된 인구는 742명에 불과했는데, 나머지는 2명 이하의 종업원을 둔 가내수공업에 종사하였음을 의미한다.

1962년 현재 울산에는 3명 이상을 고용한 사업체가 42개 존재했다. 이들 중 대부분은 식품, 연료, 섬유 등의 소비재 가공 업종이었고, 평균 종업원 수는 17.7명으로 중소기업에 불과했다. 당시 울산에서 50명 이상을 고용한 사업체는 설탕, 한천(해조가공품), 얼음을 생산하며 160명을 고용했던 (주)삼양사 울산공장을 비롯하여, 대한석유저장주식회사, 울산양조합자회사(탁주·소주 생산), 학성양조장(탁주 생산) 등 4개사뿐이었다. 이와 같이 관련 및 지원 산업의 기업들이 인근지역에 전혀 존재하지 않는 상황은, 이들 산업의 존재 여부가 경쟁력에 핵심적인 영향을 미치는 자동차와 조선 산업의 기업에게는 매우 큰 불이익으로 작용하였다.

현대그룹의 울산지역에 대한 사회적 책임 활동

지금도 현대중공업의 모든 사업장에는 다음과 같은 정주영회장의 말이 걸려있다. “우리가 잘되는 것이 나라가 잘 되는 길이며, 나라가 잘 되는 것이 우리가 잘 될 수 있는 길이다.” 기업과 사회의 공생관계에 대한 이와 같은 창업자의 철학에 따라 현대그룹은 1967년 현대자동차를 시작으로 울산지역에 정착함과 동시에 당시 낙후된 울산지역사회에 적극적인 사회적 책임활동을 전개하기 시작했다.

현대그룹의 울산지역에 대한 사회적 책임활동은 크게 교육, 삶의 질(quality of life) 개선, 도시 인프라 개선, 중소 협력업체 지원 활동으로 나누어볼 수 있다. 첫째, 교육과 관련된 사회적 책임활동으로 학교법인 울산공업학원을 1969년 설립하여 울산대학교와 울산과학대학교를 개교하였고, 학교법인 현대학원을 1976년 설립하여 현대중학교 등 5개의 학교를 울산지역에 개교하여 운영하고 있다.

둘째, 삶의 질 개선과 관련된 사회적 책임활동은 1975년 울산 최초의 종합병원인 해성병원의 개원, 1977년 최초의 백화점인 현대쇼핑센터의 개점, 1990년대 한마음회관 등 복지 및 예술시설의 건립 등이 포함된다. 특히 삶의 질 개선과 관련된 활동은 현대자동차와 현대중공업이 위치한 울산의 동구지역에 집중하여 진행되고 있다.

셋째, 도시 인프라 확충과 관련된 활동은 1996년 울산 도심과 동구지역을 잇는 해안로를 건설하여 지역에 기부한 것이 대표적이다. 마지막으로 울산지역 중소 협력업체 지원과 관련된 활동으로는 1972년 현대중공업 기술교육원의 설립과 현대자동차의 적극적인 협력업체 자금지원활동 등을 들 수 있다.

(1) 울산공업학원 설립

정주영회장은 울산에 자동차 및 조선의 생산설비를 입지함과 동시에 울산공업학원이라는 학교법인을 1969년 설립하고 초대 이사장직을 맡았다. 울산공업학원의 설립 후 1969년 12월 24일에는 울산공과대학(현재의 울산대학교)의 설립을 인가받았다. 당시 박정희대통령과 정주영회장은 산업사회의 발전을 위해서 현장에 고급 기술 인력이 필요하다고 생각하였고, 이러한 경쟁력 있는 기술 인력 양성을 울산공대의 목표로 설정하였다.

1970년 기계·전기·금속·토목·공업화학 등 5개 학과에 신입생 200명으로 시작한 이후, 울산공과대학은 다른 일반적인 대학과는 달리 현장과 밀착된 기술 교육에 집중하였다. 국내 최초로 영국의 샌드위치시스템을 도입했는데, 이 시스템은 일정 교육 후 현장에서 근무하고, 다시 학교로 돌아와서 학업을 진행하는 산학협력시스템이다. 정부는 이 제도의 성공적인 정착을 뒷받침하기 위해 1974년 산학협동재단을 설립하기도 했다.

울산공과대학과 더불어 1973년에는 고급 기술 인력과 현장의 기능공 사이에서 교량적 역할을 수행할 중견 기술 인력의 필요성에 따라 울산공과대학 병설 공업전문학교(현재의 울산과학대학교)를 개교했다.

울산공과대학은 소수 정예의 종합이공대학을 목표로 설립됐으나, 울산 지역의 유일한 4년제 대학으로서 지역사회의 다양한 교육수요를 감당해야할 필요성이 증대되었다. 따라서 1984년 10월에 종합대학 승격 인가를 통보 받아 1985년에 공과대학, 자연과학대학, 사회과학대학, 인문대학의 4개 단과대학과 대학원을 보유한 종합대학인 울산대학교가 탄생하게 되었다.

(2) 현대학원 설립

울산이 공업도시로 발전하게 되자 인구가 급속히 증가했으며 그 구성에도 큰 변화가 있었다. 1972년 20만 명에 미치지 못하던 인구가 1973년부터 1982년까지 매년 2~6만 명씩 증가하여 1979년에는 40만 명, 1980년에 50만 명을 넘어서는 등 급격한 인구의 증가로 도시 발전에 심각한 불균형이 초래되었다. 특히 염포, 방어진 등 현대그룹이 자리를 잡은 동구 지역은 노동집약적 산업인 자동차, 조선과 그 관련 사업 및 서비스업 등이 대거 타 지역에서 유입됨에 따라 폭발적으로 인구가 증가하였다.

인구 증가에 따라 교육 수요도 비례하여 증가했는데 학교 신설은 그에 따르지 못하여 정상적인 교육에 심각한 장애를 가져왔다. 1978년까지 울산 시내의 학교는 초등학교 26개교, 중학교 9개교, 고등학교 6개교에 불과했다. 특히 급격히 인구유입이 일어난 동구지역에는 초등학교가 5개, 중학교가 1개에 불과했고, 고등학교는 설립되지 않았다. 더욱이 동구 지역은 정주여건이 매우 열악해서 당시 교원들의 발령기피지역으로도 유명했다.

이러한 현실에서 정주영회장은 1976년 학교법인 현대학원을 설립하고 초대 이사장에 취임했다. 이후 1978년 현대중학교와 현대공업고등학교를 시작으로, 1981년 현대여자고등학교(현재의 현대청운고등학교), 1984년 현대여자중학교(현재의 현대청운중학교)와 현대고등학교까지 총 5개의 학교를 동구지역에 개교하였다.

이와 같은 대학을 포함한 교육시설 설립은 정주영회장의 불우했던 청소년 및 청년 시절이 중요한 영향을 미친 것으로 보인다. 현대학원의 현대중학교와 울산공업학원의 울산대학교(과거의 울산공과대학) 교정에는 다음과 같은 정주영 초대이사장의 창학 정신이 각각 적혀있다.

"가난한 농촌에서 태어나 겨우 초등학교를 졸업하고 철도공사판, 부둣가 노동자로 전전하면서도 배움이 곧 힘이라는 어린 시절 무지갯빛 꿈을 나는 저버릴 수 없었다. 그 때 이루지 못했던 배움을 향한 꿈이, 여기에 배움의 주춧돌을 놓게 하니 비로소 가난한 사람들의 횃불이 되고자 했던 소망 하나가 열매를 맺게 되었다. 향학에 불타는 청소년들이 이 배움터에서 열심히 공부하고 더 높은 곳을 향해, 굳세고 바르고 총명하게 자라 인류의 빛이 되기를 바란다."

"젊은 시절, 어느 학교 공사장에서 돌을 지고 나르면서 바라본 대학생들은 고등교육을 제대로 받지 못한 나에게는 한없는 부러움과 동경의 대상이었다. 그때 이루지 못했던 배움에 대한 갈망이 여기에 배움의 주춧돌을 놓게 하였으니 젊은이들이여 이 배움의 터전에서 열심히 학문을 익혀 드높은 이상으로 꾸준히 정진하기 바랍니다."

〈현대그룹의 중고등학교 설립〉

설립 당시 교명	설립연도	현재 교명	소재지
현대중학교	1978	현대중학교	동구 서부동
현대공업고등학교	1978	현대공업고등학교	동구 동부동
현대여자고등학교	1981	현대청운고등학교	동구 서부동
현대여자중학교	1984	현대청운중학교	동구 서부동
현대고등학교	1984	현대고등학교	동구 서부동
계	2개 중학교, 3개 고등학교		

(3) 삶의 질 개선

정주영회장과 현대그룹은 울산지역, 특히 현대자동차와 현대중공업이 위치한 동구지역 주민들의 삶의 질 향상을 위해 사회적 책임 활동을 적극적으로 전개하였다. 첫째, 1975년 동구 전하동에 9개과 120병상으로 해성병원을 개원하였다. 이 병원은 울산지역 현대그룹 직원 및 가족과 인근 주민의 건강을 보살피기 위해 설립된 울산 최초의 종합병원으로, 현대조선 부속병원으로 시작하여 1997년 울산대학교병원으로 발전하였다. 현재에도 울산지역 최대 병원이고, 서울아산병원, 강릉아산병원 등 8개의 아산재단 산하 다른 병원들과 활발한 협력체계를 구축하고 있다.

둘째, 1977년에는 울산지역 최초의 현대적 쇼핑시설인 현대쇼핑센터를 개점하였다. 현대쇼핑센터는 현대중공업의 사원과 지역주민을 위한 편의시설로 현대백화점의 모태가 되었다. 이 쇼핑센터는 1985년 12월 서울 압구정 본점이 개점할 때까지 현대백화점 본점으로 사용되었고, 현재는 현대백화점 울산동구점으로 불리고 있다.

셋째, 현대그룹은 1990년대 이후 다양한 예술·문화·체육시설을 건립하여 운영하고 있다. 1991년 3,900평 규모의 한마음회관과 1,566평 규모의 미포회관 건립을 시작으로, 1994년 동부회관과 동부2회관, 1995년 서부회관, 1997년 대송회관 등 여섯 개의 문화·체육시설을 울산 동구지역에 차례대로 건립하였다. 한마음회관은 개관 이후 10년간 연인원 2천7백만 명, 일간 5천3백 명의 방문객 및 이용객 실적을 나타내고 있다. 현재도 현대그룹의 현대중공업은 한마음회관 운영에 매년 약 4억5천만 원의 지원을 하고 있는데, 하루 4,000~5,000명의 일반 시민들이 문화 예술, 스포츠, 직장인 강좌, 어린이 강좌 등 다양한 프로그램을 이용하고 있다. 또한 동부회관은 개관 이후 매년 38만 여명의 이용객이 찾고 있으며, 서부회관도 하루 평균 1천명이 꾸준히 이용하고 있다.

현대그룹은 여섯 개의 문화체육시설에 이어 1998년 1만 평 규모의 대규모 공연시설인 현대예술관을 개관하였다. 이 예술관은 공연장과 갤러리, 기타 편의시설을 갖춤으로써 하루 이용객이 3,000여 명에 이르는 울산 최고의 복합문화공간으로 자리 잡았다. '한국건축문화상'을 수상하기도 한 현대예술관은 객석 962석에 회전무대와 최신 음향, 조명시설을 갖추고 있으며, 예술관 1층에 위치한 현대갤러리는 전시벽면이 110m에 이른다. 이 예술관은 개관 기념작 명성황후를 시작으로 미샤마이스키, 정경화, 보자르트리오, 조수미, 장한나, 홍혜경 등의 연주회와 뮤지컬 블루 사이공, 그리스, 브로드웨이 42번가 등 지방에서는 관람하기 어려운 대작들을 무대에 올리고 있다. 이러한 시설건설 및 운영 이외에도 현대중공업은 2005~2009년 연속 5년간 국내 기업문화예술 지원액 1위를 차지하였다.

<현대그룹의 예술 · 문화 · 체육시설 건립>

명칭	설립 연도	주요시설	규모 (건평)	소재지
한마음 회관	1991	·스포츠레저시설 ·문화예술교육시설	3,900평	동구 전하동
미포회관	1991	·스포츠레저시설 ·문화예술교육시설 ·편의시설	1,566평	동구 서부동
동부회관	1994	·스포츠레저시설 ·편의시설	788평	동구 동부동
동부2관	1994	·음악, 미술, 서예, 컴퓨터 교실	178평	동구 동부동
서부회관	1995	·스포츠레저시설 ·문화예술교육시설	n/a	동구 서부동
대송회관	1997	·음악, 미술, 무용 교실 등	247평	동구 화정동
현대 예술관	1998	·공연장, 미술관	10,000평	동구 서부동
계	7개 시설 설치 및 운영			

넷째, 2001년에는 현대그룹의 현대중공업이 울산시민의 풍요로운 생활환경을 위해 동구 전하동과 서부동에 걸쳐 현대예술공원을 조성한 후 울산시에 기부하였다. 이 공원의 총면적은 1만 8,347㎡로, 제1공원·제2공원·제3공원으로 나누어져 있다. 제1공원은 울산광역시 동구 전하동 현대중공업 정문 맞은편의 현대호텔과 현대백화점 사이에 있으며, 주로 호텔과 백화점을 이용하는 고객과 현대중공업 직원들의 휴식공간으로 활용된다. 제1공원과 가까운 곳에 위치한 제2공원은 서부동 현대예술관 예술동 앞에 조성되었는데 제1공원과는 달리 광장의 성격이 강한 곳으로, 젊은 층을 위한 만남의 광장이자 야외공연과 전시회, 각종 이벤트를 여는 장소로 활용된다. 바닥분수와 조형물을

이용한 쉼터가 설치되었으며, 적송이 심어진 휴식공간도 마련되어 있다. 가장 규모가 작은 제3공원은 현대예술관 스포츠동 앞에 있고, 노년층을 위한 휴식공간으로 이용되며 전통담장과 정자, 지압로 등을 설치하여 토속적인 분위기를 연출하였다.

(4) 도시 인프라 확충

과거 울산도심과 동구지역을 연결하는 관통로는 염포로라는 도로가 유일하였다. 25만 여명이 거주하는 동구 지역은 산업물류를 운반하는 차량이 전국 각지에서 몰려들어 울산에서도 상시 정체지역으로 분류되고 있었고, 이곳을 지나는 시민들 누구나 염포로의 교통지옥을 경험해야 했다. 이 때문에 해결책을 요구하는 민원이 빗발쳤고, 동구와 북구에 거점을 두고 있는 기업체들의 피해도 적지 않았다. 특히 이 지역에 있는 현대자동차, 현대중공업 등은 자재 공급에 애로를 겪었으며, 염포로의 산업물동량과 유동인구 분산은 울산지역의 최대 과제로 부각되었다.

이러한 상황에서 염포로와 직접적으로 맞닿고 있는 현대자동차가 정주영회장의 지시로 신규도로 건설 사업에 전면적으로 나서게 됐다. 울산시는 당초 부지 확보가 어려워 왕복 2차선 신규도로 건설을 추진했으나, 현대자동차의 야적장 활용과 간척사업을 통해 왕복 6차선 규모로 도로건설 계획을 재조정했다. 1994년 10월부터 1996년 12월 사이 간척사업을 포함하여 4.49km 길이에 폭 25m 도로가 건설되었고, 설계비를 포함하여 총 336억원이 소요되었다. 이 도로의 부지 제공과 건설비용 부담은 현대그룹이 했고, 울산시는 그에 대한 고마움의 표현으로 2001년 이 도로를 정주영회장의 아호를 딴 '아산로'로 명명하였다.

울산의 '아산로'는 우리나라에서 도로명에 기업인의 이름 또는 호를 붙인 최초의 도로이다. 경기도 부천시는 2004년 기업이윤의 사회 환원으로 잘 알려진 유한양행의 창업자 유일한 박사의 이름을 따서 '유일한로'의 명명식을 가졌다. 현재까지도 이러한 도로는 우리나라에 '아산로'와 '유일한로'가 유이하다.

(5) 중소 협력업체 지원

창업시기부터 현대그룹은 현장 기능 인력을 경쟁력의 핵심으로 여기고 있었다. 이는 자신을 부자가 아니라 '돈 많은 노동자'라고 했던 정주영회장의 사고가 큰 영향을 미쳤다. 이러한 철학에 따라 새롭게 진출하는 사업마다 현장 기능 인력에 대한 교육훈련을 적극적으로 실행하였다. 예를 들어 현대건설이 해외진출을 하게 되자 해외 파견 기능 인력의 훈련을 위해 1959년 현대건설 직업훈련원을 개원하였고, 자동차 사업을 시작할 즈음인 1967년에는 울산공장에 현대자동차 울산훈련원을 설립하여 자동차 산업에 필요한 인력을 훈련시켜서 활용하였다. 1970년대 조선 산업에 진출하게 됨에 따라, 1972년 총 부지 3천여 평에 용접, 조선 배관, 기계, 전기, 도장, 중장비 실습장과 세미나실 등을 갖춘 현대중공업 기술교육원을 설립하였다.

정주영회장과 현대그룹의 현장 기능 인력에 대한 철학은 중소 협력업체 지원에도 이어졌다. 현대그룹은 중소 협력업체들에게도 현장 기능 인력의 스킬이 매우 중요하다고 판단하였고, 따라서 이들을 돕기 위한 방법도 현장 인력에 대한 교육훈련을 제공하는 방법을 선택하였다. 즉 현대자동차의 울산훈련원과 현대중공업의 기술교육원을 통해 무료로 자동차 및 조선 협력업체들에게 기술교육을 해주어, 협력업체 직원들의 스킬을 향상시켜주기 시작한 것이다. 특히 이들 훈련기관은 고도로 숙련된 현대자동차와 현대중공업 현장직원이 직접 기술을 전수함으로써 높은 교육의 질을 확보할 수 있었다.

기술 교육은 협력업체 뿐 아니라 지역사회에 대한 사회적 책임활동에도 활용되었다. 특히 현대중공업의 기술교육원은 일반인을 대상으로도 용접·도장·전기·기계 등 분야별로 3~5개월의 교육을 무료로 실시한 후, 우수한 졸업생들이 관련 협력업체 또는 자사에 고용될 수 있도록 취업추천 등의 지원활동을 수행하고 있다. 이러한 교육훈련은 지속적이고 대규모적으로 이어져서 자사, 협력사, 일반인에 대한 2008년 말까지의 누적 교육실적은 119,387명에 이르게 되었다[4]. 울산인구가 약 100만 명임을 감안하면 울산시민의 1/10이 교육에 참여한 셈이다. 이러한 노력의 결과, 기술교육원은 2001년 제 5회 직업능력개발 촉진대회에서 근로자의 직업능력개발 향상 및 인적자원개발을 통한 국가경제 발전에 기여한 공로로 최우수 기능인력 교육기관으로 선정되어 노동부 장관으로부터 표창을 받게 되었다. 또한 2002년 노동부로부터 중소기업 훈련 컨소시엄 운영기관으로 선정되어 협력업체 뿐 아니라 일반 중소기업의 인력양성을 도와주고 있다.

4) 현대중공업 기술교육원 홈페이지(http://tei.hhi.co.kr)

〈현대자동차의 중소 협력업체 지원〉

(1985년 말 현재, 단위: 백만 원,%)

	업 체 수				금 액			
	협동회 가입	비가입	합계	비율	협동회 가입	비가입	합계	비율
신제품 개발 자금지원	73	11	84	14.8%	16,035	1,303	17,338	35.9%
원자재구매 자금지원	52	15	67	11.8%	25,825	3,090	28,915	59.9%
공장증축 자금지원	8	1	9	1.6%	453	32	485	1.0%
시설개체 자금지원	2	5	7	1.2%	135	20	155	0.3%
우수업체 입품 대금 지급개선	160	81	241	42.4%	1,145	246	1,391	2.9%
수급기업체 협의회 운영지원	160	-	160	28.2%	-	-	-	-
합 계	455	133	568	100%	43,593	4,691	48,284	100%

정주영회장 재임기간 중 중소 협력업체에 대한 현대그룹의 사회적 책임 수행은 기술교육 이외에도 직접적인 자금지원의 방식으로도 이루어졌다. 예를 들어 현대자동차의 경우, 1985년 한해 실시한 중소 협력업체에 대한 지원은 약 482억 원이었다. 또한 현대중공업도 1995년 한 해에 중소 협력업체에게 134억3천만 원의 시설자금과 984억3천만 원의 운영자금을 지원하였고, 42억5천만 원의 지급보증, 1,334억2천만 원의 원자재 지급 등 총 3,259억 원의 자금을 직간접적으로 지원했다. 이 밖에도 금형 등의 시설 대여와 품질 및 기술지도, 기술관련 지원, 안전·환경관련 지원 및 안전관리·환경관리·정보화를 촉진하는 경영지원까지 총 58억5천만 원 상당의 기술 및 경영지원을 실시하였다.

주요 참고문헌

구혜영 · 박철순 · 김성훈. 2017. 동성그룹: 성장을 향한 끊임없는 도전. *Korea Business Review,* 21(2): 59-95.

김경미 · 김성훈. 2017. 동성화인텍과 LNG 보냉재 산업. *Korea Business Review,* 21(3): 79-111.

김성훈 · 차소정. 2011. 전략적 사회공헌: 故정주영회장과 울산지역의 사례. *전문경영인연구,* 14(2): 153-182.

박철순 · 김성훈. 2006. 제도적 환경의 변화와 재벌의 대응: 대우그룹의 사례. *Korea Business Review,* 10(1): 81-98.

박철순 · 김성훈 · 서정일 · 최원용. 2017. *전략경영*. 경문사.

현대그룹. 1997. *현대그룹오십년사*. 현대그룹문화실.

현대중공업. 1992. *현대중공업사*. 현대중공업주식회사.

Bartlett, C.A. 1999. GE's Two-Decade Transformation: Jack Welch's Leadership. *Harvard Business School Case,* 9-399-150.

Bartlett, C.A., Elderkin, K.W. & McQuade, K. 1991. Body Shop International. *Harvard Business School Case,* 9-392-032.

Bradley, S.P. & Ghemawat, P. 1994. Wal-Mart Stores, Inc. *Harvard Business School Case,* 9-794-024.

Dyer, J.H. 1996. How Chrysler Created an American Keiretsu. *Harvard Business Review,* 74(4): 42-56.

Goerzen, A. 2004. Vancity Credit Union: Strategy in Financial Services. *Ivey Publishing,* 904M26.

Kim, S., Park, H., Park, C. & Kwon, K. 2013. A Strategic Innovation in Mobile Device Industry: Apple's Challenge and Others' Response. *The Journal of Small Business Innovation,* 16(4): 49-75.

Koehn, N.F. 2001. Howard Schultz and Starbucks Coffee Company. *Harvard*

Business School Case, 9-801-361.

Rukstad, M.G. & Collis, D. 2001. Walt Disney Co.: The Entertainment King. Harvard Business School Case, 9-701-035.

Sull, D.N. 2003. *Revival of the Fittest: Why Good Companies Go Bad and How Great Managers Remake Them.* Harvard Business Review Press: Boston, MA.

Sull, D.N., Park, C. & Kim, S. 2003. Samsung and Daewoo: Two Tales of One City. *Harvard Business School Case,* N9-804-055.

Yoffie, D.B. 2004. Cola Wars Continue: Coke vs. Pepsi in the Twenty-First Century. *Harvard Business School Case,* 9-702-442.